70 Mini-Bücher zu Buchstaben und Zahlen

Kopiervorlagen
zum Schneiden, Falten
und Weitergestalten

Verlag an der Ruhr

Impressum

Titel
70 Mini-Bücher zu Buchstaben und Zahlen
Kopiervorlagen zum Schneiden, Falten und Weitergestalten

Autoren
Redaktionsteam Verlag an der Ruhr

Titelbildmotiv
© ryo-hei – Fotolia.com (Zahlen und Buchstaben; auch in Fußzeile)

Illustrationen
Anja Goossens

Druck
Heenemann GmbH & Co. KG, Berlin, DE

Verlag an der Ruhr
Mülheim an der Ruhr
www.verlagruhr.de

Geeignet für die Klassen 1–2

Unser Beitrag zum Umweltschutz:
Wir sind seit 2008 ein ÖKOPROFIT®-Betrieb und setzen uns damit aktiv für den Umweltschutz ein. Das ÖKOPROFIT®-Projekt unterstützt Betriebe dabei, die Umwelt durch nachhaltiges Wirtschaften zu entlasten. Unsere Produkte sind grundsätzlich auf chlorfrei gebleichtes und nach Umweltschutzstandards zertifiziertes Papier gedruckt.

Urheberrechtlicher Hinweis
Das Werk und seine Teile sind urheberrechtlich geschützt. Jede Verwendung in anderen als den gesetzlich zugelassenen Fällen bedarf der vorherigen schriftlichen Einwilligung des Verlages. Im Werk vorhandene Kopiervorlagen dürfen vervielfältigt werden, allerdings nur für jeden Schüler der eigenen Klasse/des eigenen Kurses. Die dazu notwendigen Informationen (Buchtitel, Verlag und Autor) haben wir für Sie als Service bereits mit eingedruckt. Diese Angaben dürfen weder verändert noch entfernt werden. Die Weitergabe von Kopiervorlagen oder Kopien (auch von Ihnen veränderte) an Kollegen, Eltern oder Schüler anderer Klassen/Kurse ist nicht gestattet.
Der Verlag untersagt ausdrücklich das Herstellen von digitalen Kopien, das digitale Speichern und Zurverfügungstellen dieser Materialien in Netzwerken (das gilt auch für Intranets von Schulen und sonstigen Bildungseinrichtungen), per E-Mail, Internet oder sonstigen elektronischen Medien außerhalb der gesetzlichen Grenzen. Kein Verleih. Keine gewerbliche Nutzung. Zuwiderhandlungen werden
zivil- und strafrechtlich verfolgt.

Bitte beachten Sie die Informationen unter www.schulbuchkopie.de.

Soweit in diesem Produkt Personen fotografisch abgebildet sind und ihnen von der Redaktion fiktive Namen, Berufe, Dialoge u. Ä. zugeordnet oder diese Personen in bestimmte Kontexte gesetzt werden, dienen diese Zuordnungen und Darstellungen ausschließlich der Veranschaulichung und dem besseren Verständnis des Inhalts.

Trotz sorgfältiger inhaltlicher Kontrolle kann keine Haftung für die Inhalte externer Seiten, auf die mittels eines Links verwiesen wird, übernommen werden. Für den Inhalt der verlinkten Seiten sind ausschließlich deren Betreiber verantwortlich.

© Verlag an der Ruhr 2018, Nachdruck 2019
ISBN 978-3-8346-3895-3

Vorwort

Diese Materialsammlung liefert Ihnen **Vorlagen für 70 kleine Faltbücher**. Buchstaben- und Zahlenlernen, Lesen und Rechnen werden dabei zum reinsten Sammelvergnügen. Und während die Kinder ihre Hosentaschen-Bibliothek vervollständigen, üben sie **wichtige Lerninhalte des Anfangsunterrichts**.
So einfach geht es: Die Kinder wählen eine Vorlage aus und mit ein paar einfachen Faltungen wird ein Mini-Buch daraus. Darin bearbeiten sie dann die Aufgaben und malen die Bilder aus.

Einsatz der Mini-Bücher im Unterricht

Die Mini-Bücher können Sie bei vielen **Gelegenheiten** einsetzen, zum Beispiel:
- in der Freiarbeit,
- in der Wochenplanarbeit,
- zur Differenzierung für leistungsstarke (Anfang Klasse 1) oder leistungsschwache Kinder (Anfang Klasse 2),
- als motivierendes Fördermaterial,
- zum individuellen Üben – auch zu Hause.

Wenn Sie die Mini-Bücher zum ersten Mal einsetzen, sollten Sie sie einmal gemeinsam mit allen Kindern falten (siehe Anleitung auf S. 5).

Die Mini-Bücher für das Fach Deutsch

Inhalt und Aufbau der Mini-Bücher

In diesem Buch finden Sie **36 Mini-Bücher zum Lesen und Vorlesen**. Jedes Mini-Buch ist einem Buchstaben des Alphabets zugeordnet. Darüber hinaus gibt es auch Mini-Bücher zu verschiedenen Umlauten (Ä, Ö, Ü), Diphthongen (Au, Ei, Eu) und mehrgliedrigen Graphemen (Sch, Ch, Sp, St).
Die Mini-Bücher enthalten jeweils eine kleine Geschichte, die den Buchstaben besonders häufig enthält. Auf den Bildern gibt es viel zu entdecken. Viele Details beginnen mit dem gefragten Buchstaben – so werden die Kinder aufgefordert, noch weitere Wörter mit dem Buchstaben zu finden. Zudem enthält jedes Mini-Buch eine Seite, auf der die Kinder alle von ihnen im Text gefundenen Wörter, die mit dem Buchstaben beginnen, eintragen. Auf der vorletzten Seite tragen die Kinder den Namen der Personen ein, denen sie das Buch vorgelesen haben. Auf der Rückseite findet sich jeweils zusätzlich eine kleine Motorik-Übung zu dem Buchstaben; die Schreibrichtung ist jeweils mit Pfeilen gekennzeichnet. Der gefüllte Kreis bedeutet, dass hier der Stift (neu) angesetzt werden muss.

Lernmöglichkeiten

Sie können mithilfe der Mini-Bücher verschiedene **Fertigkeiten und Kompetenzen** fördern, zum Beispiel:
- Laute und Buchstaben zuordnen,
- Anlaute erkennen,
- ähnlich klingende Buchstaben unterscheiden,
- einfache Sätze lesen und passenden Bildern zuordnen,
- Wörter aus einem Text heraussuchen, die den Laut bzw. Buchstaben enthalten – als Anlaut, Auslaut oder Inlaut,
- erste kleine Texte lesen und anderen vorlesen.

Die Mini-Bücher für das Fach Mathematik

Inhalt und Aufbau der Mini-Bücher

In diesem Buch finden Sie **34 Mini-Bücher zum Zählen und Rechnen**. Dabei werden folgende Zahlen und Aufgabentypen berücksichtigt:
- alle Zahlen von 1 bis 20,
- Zahlzerlegung,
- Größer-kleiner-Relation,
- Plus-/Minus-Aufgaben,
- Ergänzungsaufgaben,
- Bündeln und
- Halbieren/Verdoppeln.

Jeder Aufgabenbereich wird in einem Büchlein im Zahlenraum bis 10, in einem zweiten Büchlein im Zahlenraum bis 20 geübt.

Vorwort

Die **Mini-Bücher zu den Zahlen 1–20** sind jeweils gleich aufgebaut. Sie beginnen mit einer Sachsituation, in der die Kinder die Zahl in einem Bild entdecken können. Danach färben sie die entsprechende Anzahl von Fingern in einem Bild ein, ordnen Abbildungen einer Punktdarstellung zu und lösen eine Bündelaufgabe. Anschließend schreiben sie die Zahlen und suchen aus einer Anzahl von Zahlen die richtige heraus.
Auf der letzten Seite lösen sie geometrische Zeichenaufgaben. Es werden also die unterschiedlichsten Zahlaspekte berücksichtigt.

Die **Rechenbüchlein** gehen meist von einer gezeichneten Sachsituation aus, zu der die Kinder eine Aufgabe in ein Punktefeld eintragen, schriftlich formulieren und ausrechnen. Nach verschiedenen bildlich dargestellten Aufgaben folgen stärker abstrahierte, in denen nur noch Zahlen in der Ziffernschreibweise auftauchen. Dabei gibt es nach Möglichkeit auch operative Aufgabenserien, die den Kindern helfen, Zusammenhänge zwischen einzelnen Aufgaben herzustellen. Abschließend findet sich immer eine offene Aufgabenstellung: Zu einem Bild sollen die Kinder unterschiedliche Aufgaben schreiben und errechnen. Auch viele der anderen Bildsituationen sind so gestaltet, dass sich hieraus mehrere Aufgaben ableiten lassen.

Lernmöglichkeiten

Sie können mithilfe der Mini-Bücher verschiedene **Fertigkeiten und Kompetenzen** fördern, zum Beispiel:
- eine Zahlvorstellung entwickeln,
- unterschiedliche Zahlaspekte kennen,
- bildlich dargestellte Zahlen in Ziffern schreiben,
- Zahlen in der Ziffernschreibweise wiedererkennen,
- Rechenoperationen durchführen,
- Beziehungen zwischen ähnlichen Aufgaben erkennen,
- Mengen in einer geordneten Darstellung, wie dem Zwanzigerfeld, schnell erfassen,
- verstehen, dass mathematische Sachsituationen nicht immer eindeutig sind,
- über unterschiedliche Herangehensweisen an eine Aufgabe sprechen.

Die Zahlen, Rechenoperationen und Darstellungsformen sollten den Kindern grundsätzlich bekannt sein. Da mathematische Grunderfahrungen erst einmal beim Umgang mit konkreten Materialien angebahnt werden sollten, eignen sich die Büchlein hauptsächlich zum **Vertiefen und Üben** eines bereits erarbeiteten Themas. Möchten Sie sie in der Förderung rechenschwacher Kinder einsetzen, so sollten Sie den Kindern zusätzliche Materialien zur Verfügung stellen, mit denen sie die Aufgaben handelnd nachvollziehen können.

Faltanleitung für ein Mini-Buch (1/2)

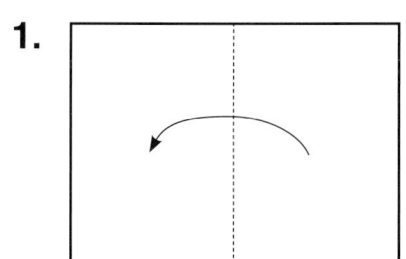

1. Lege das Blatt quer vor dich hin. Die bedruckte Seite ist unten. Falte das Blatt in der Mitte. Lege dazu die rechte Kante auf die linke.

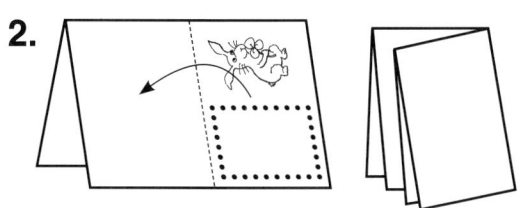

2. Drehe das Blatt ins Querformat. Die Öffnung zeigt nach unten. Falte das Blatt in der Mitte. Lege dazu die rechte Kante auf die linke.

3. Falte das Blatt einmal wieder auf. Die Öffnung ist immer noch unten.

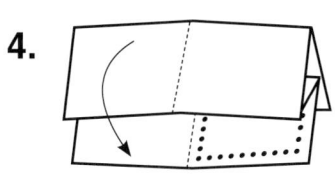

4. Falte die Oberkante auf die Unterkante. Klappe dann das Blatt wieder ganz auf. Lege das Blatt quer vor dich hin. Die bedruckte Seite ist unten.

5. Falte die Oberkante auf die Unterkante. Falte die Felder zu einer Zickzacklinie.

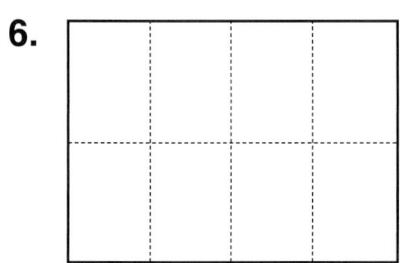

6. Falte das Blatt wieder auf. Es sind nun 8 senkrechte Felder zu sehen. Die bedruckte Seite ist wieder unten.

Faltanleitungen für ein Mini-Buch (2/2)

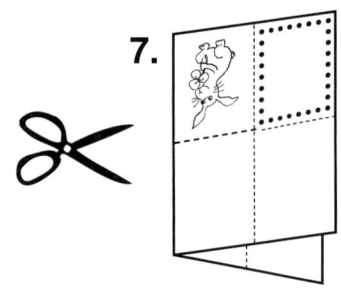

7. Falte den linken Seitenrand auf den rechten. Schneide die Falte in der Mitte entlang der gestrichelten Linie ein.

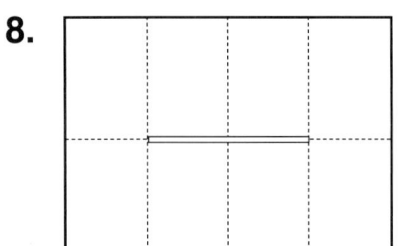

8. Falte das Blatt auf. Die bedruckte Seite ist unten. In der Mitte ist ein waagerechter Schlitz.

9. Falte die Oberkante auf die Unterkante.

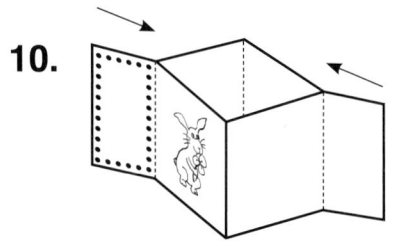

10. Schiebe den linken und den rechten Seitenrand gegeneinander. In der Mitte öffnet sich ein Viereck.

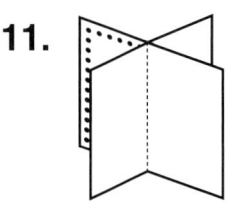

11. Schiebe die Seitenränder weiter zur Mitte. Die Oberkanten bilden nun ein Kreuz.

12. Falte die Seiten so um, dass das Titelbild deines Büchleins obenauf liegt.

Nun kannst du dein Büchlein lesen und gestalten.

Viel Spaß!

Kopiervorlagen für das Fach

Deutsch

Arbeits-Pass – Das habe ich schon geschafft!

Name: _____

Mini-Buch	bearbeitet	Mini-Buch	bearbeitet
Aa		Ss	
Bb		Tt	
Cc		Uu	
Dd		Vv	
Ee		Ww	
Ff		Xx	
Gg		Yy	
Hh		Zz	
Ii		Ää	
Jj		Öö	
Kk		Üü	
Ll		Au	
Mm		Ei	
Nn		Eu	
Oo		Sch	
Pp		Ch	
Qq		Sp	
Rr		St	

Meine B-Wörter:

_____
_____
_____
_____
_____
_____

Ich habe das Buch _____
_____
_____
_____
_____
vorgelesen.

Name: _____

Bär Bernd

seinen Bruder Ben.

backt braune Brezeln.

Bernd besucht

© Verlag an der Ruhr | Illustrationen: A. Goossens | ISBN 978-3-8346-3895-3

Meine D-Wörter:

Name:

Ich habe das Buch

vorgelesen.

Das ist Drache David.

Duscht der Dackel mit?

David duscht,

denn er ist dreckig.

© Verlag an der Ruhr | Illustrationen: A. Goossens | ISBN 978-3-8346-3895-3

Meine F-Wörter:

Ich habe das Buch

vorgelesen.

Name:

Fünf Frösche

fliegt mit.

fangen freche Fliegen.

Frosch Felix

© Verlag an der Ruhr | Illustrationen: A. Goossens | ISBN 978-3-8346-3895-3

Meine H-Wörter:

Name:

Ich habe das Buch

vorgelesen.

Hase Hannes

holt Heu aus dem Hut.

hoppelt herum.

Herr Hummel

© Verlag an der Ruhr | Illustrationen: A. Goossens | ISBN 978-3-8346-3895-3

Meine J-Wörter:

Ich habe das Buch

vorgelesen.

Name: _____

Jana mag Jakob.

Jeder jubelt.

Jakob hat ein Jojo.

Jana mag Jojos ja auch.

Meine L-Wörter:

Name:

Ich habe das Buch

vorgelesen.

Liebe Löwen

und lachen laut.

lesen leise.

Sie lesen oft Lustiges

© Verlag an der Ruhr | Illustrationen: A. Goossens | ISBN 978-3-8346-3895-3

Meine N-Wörter:

Name:

Ich habe das Buch

vorgelesen.

Nette Nilpferde

ist nichts mehr da.

essen Nudeln.

Nach neun Uhr

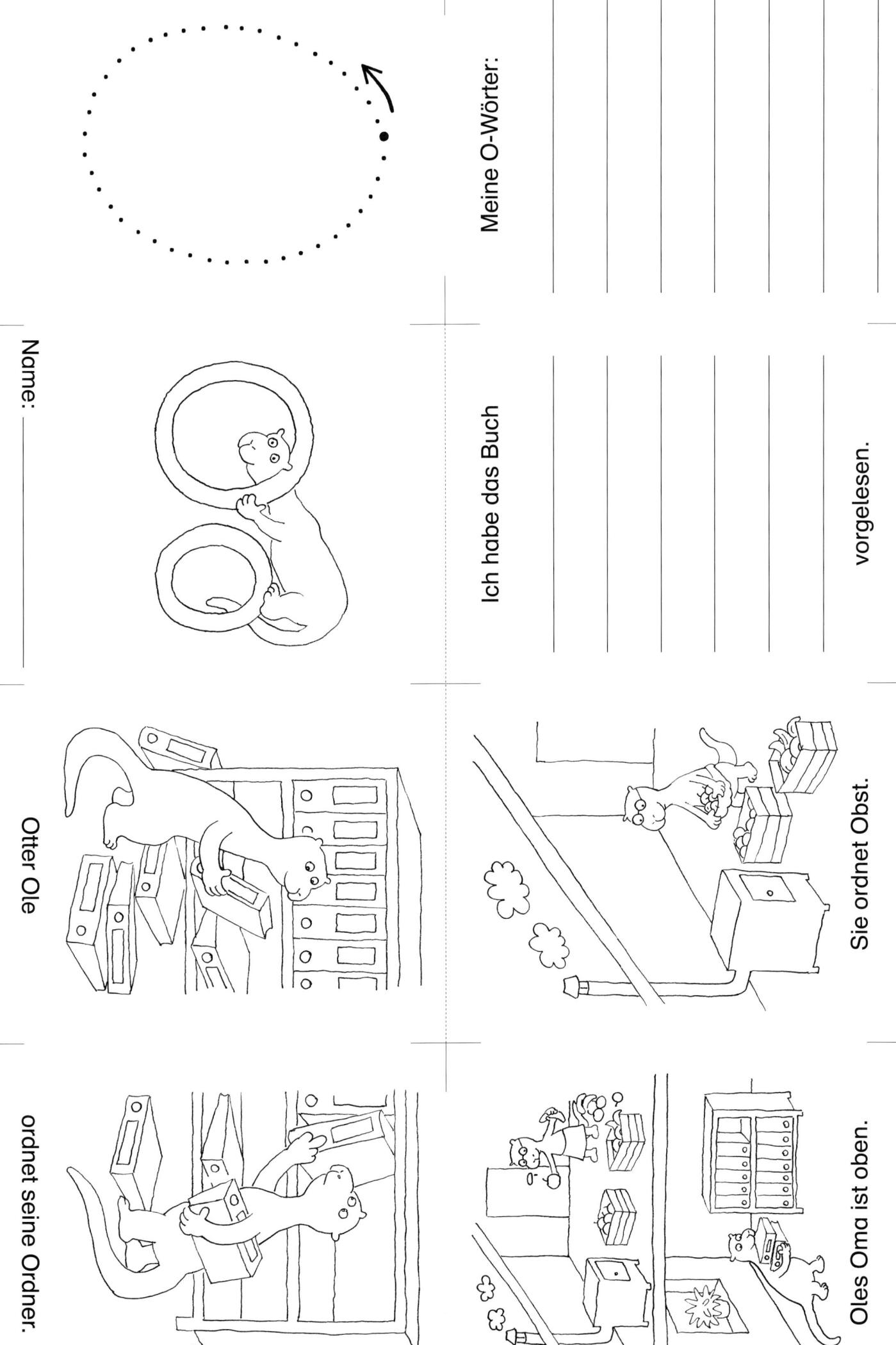

Meine P-Wörter:

Ich habe das Buch

vorgelesen.

Name: _____

Die Pinguine

und Popcorn aus.

picknicken im Park.

Sie packen Plätzchen

Meine R-Wörter:

Ich habe das Buch

vorgelesen.

Name: _____

Regenwurm Ronja

Rosinenbrot.

reitet auf der Robbe.

Bei Ronja essen sie

Meine S-Wörter:

Ich habe das Buch

vorgelesen.

Name:

Sandmann Simon

findet das super.

sendet seinen Sand.

Sinas Mama

Name: _____

Meine T-Wörter:

Ich habe das Buch

vorgelesen.

Tim und Tante Tina

Tante Tinas Tasche.

tanzen Tango.

Der Tiger trägt

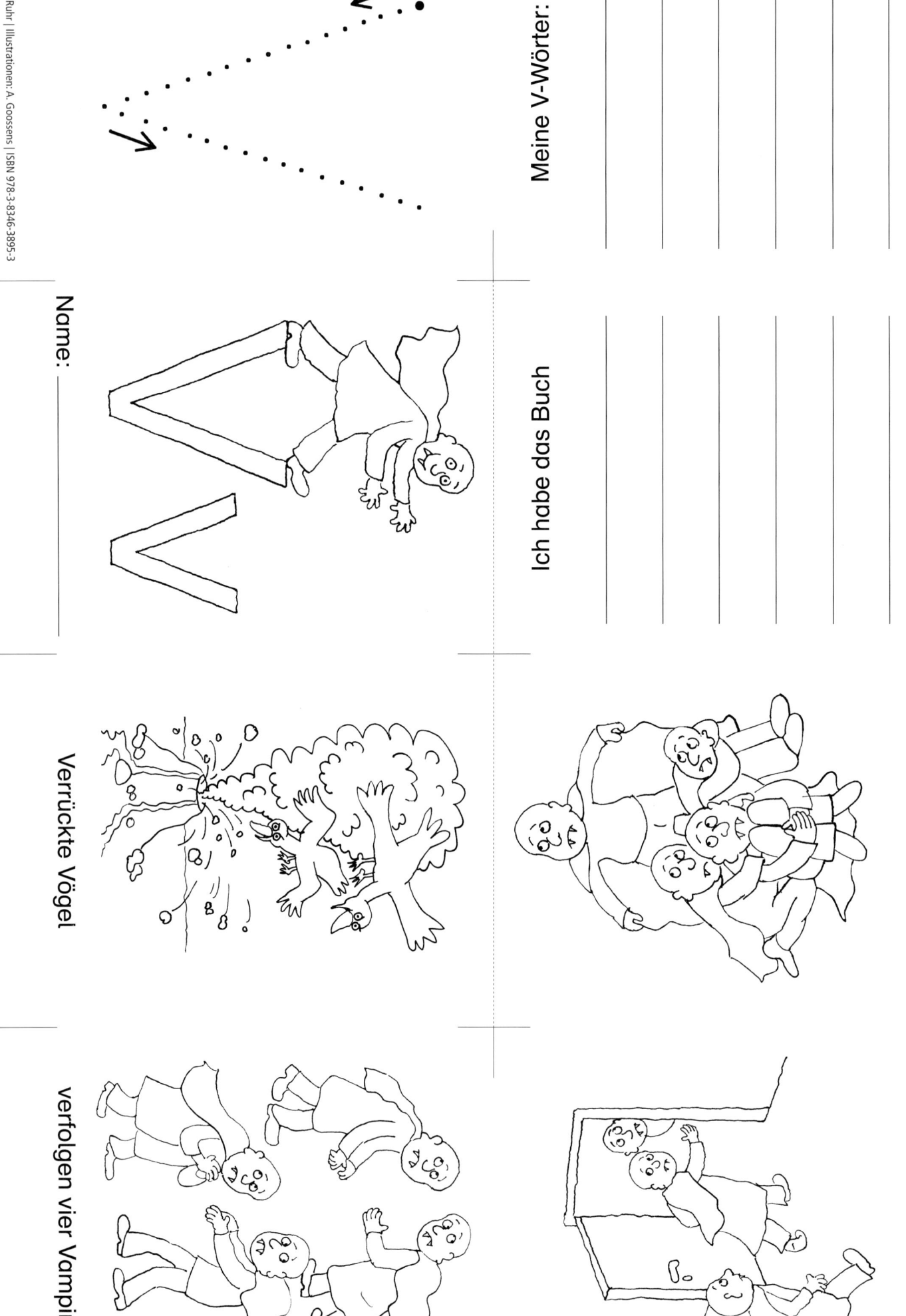

Meine X-Wörter:

Ich habe das Buch

vorgelesen.

Name: _____

Das ist Xaver.

Xylofon spielen.

Er trägt Größe XL.

Xaver kann

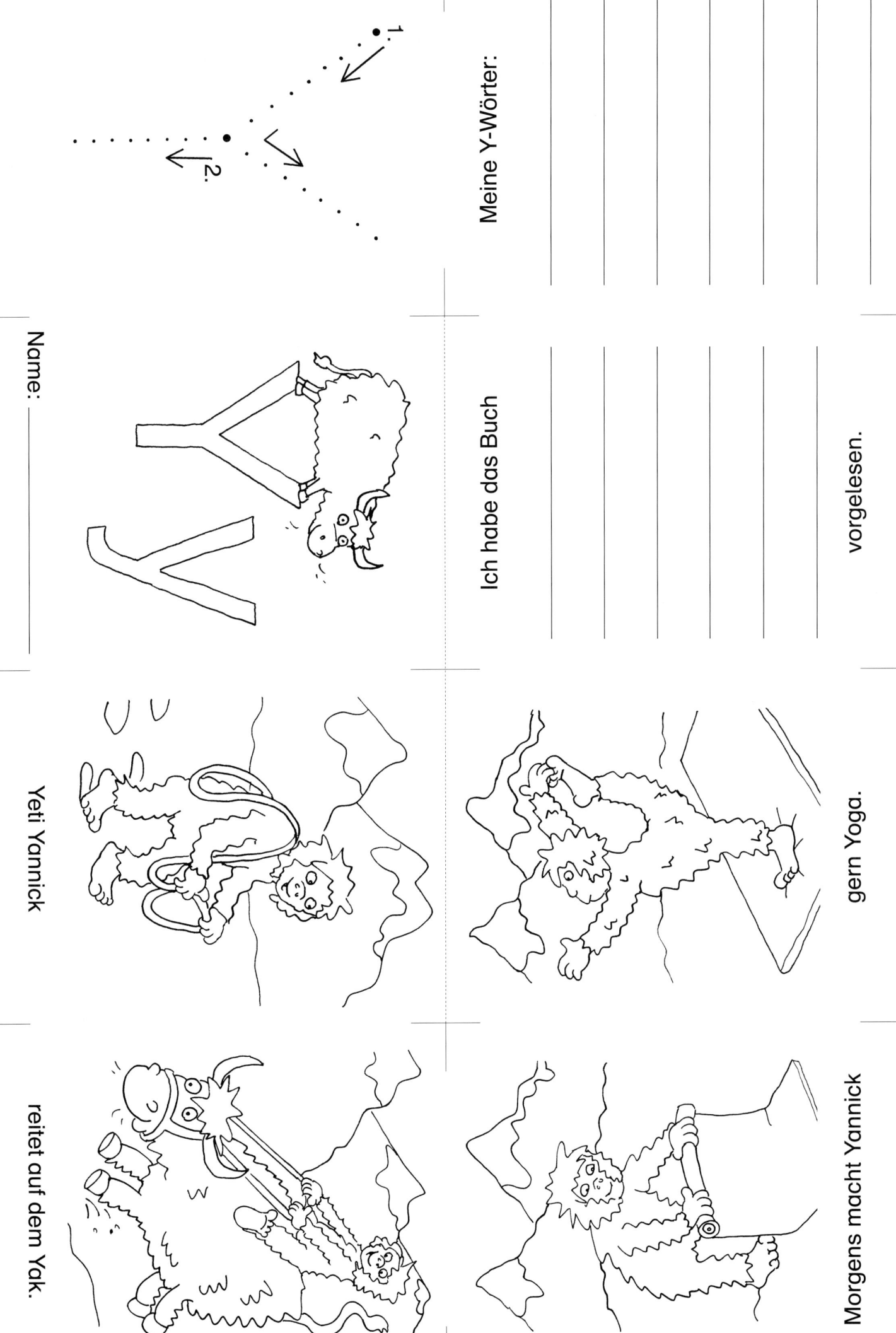

Meine Z-Wörter:

Ich habe das Buch

vorgelesen.

Name: _____

Zehn zottelige Ziegen

fahren lieber Zug.

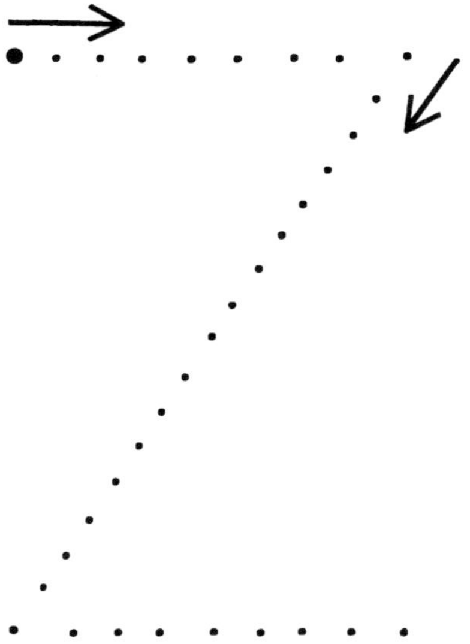

ziehen zum Zoo.

Zwei Ziegen

Meine Ö-Wörter:

Ich habe das Buch

vorgelesen.

Öl zu den Nudeln.

Alle mögen

Name: _____

Familie Özdemir

lebt in Österreich.

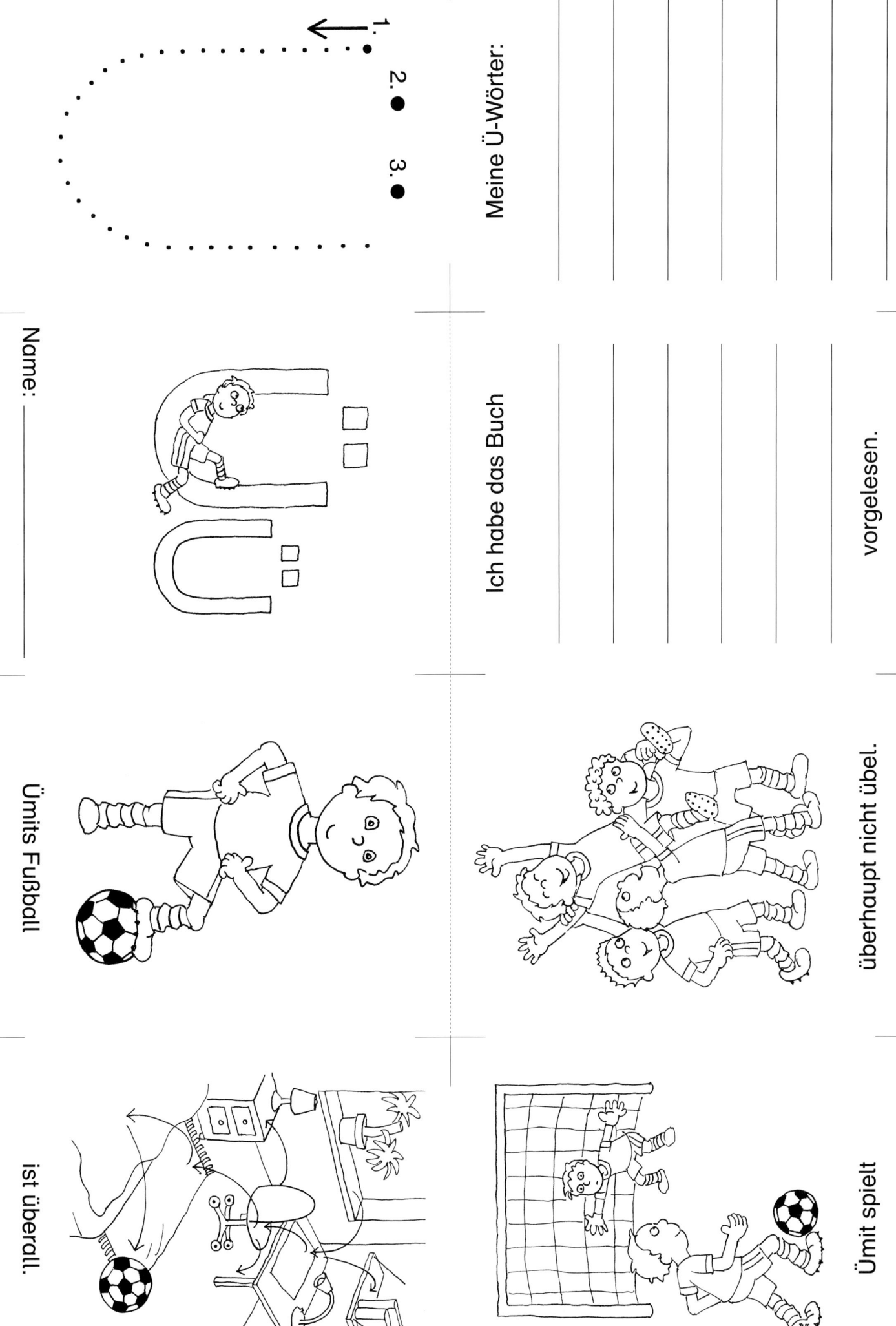

Name: _____

Meine Au-Wörter:
_____
_____
_____
_____
_____

Ich habe das Buch
_____
_____
_____
vorgelesen.

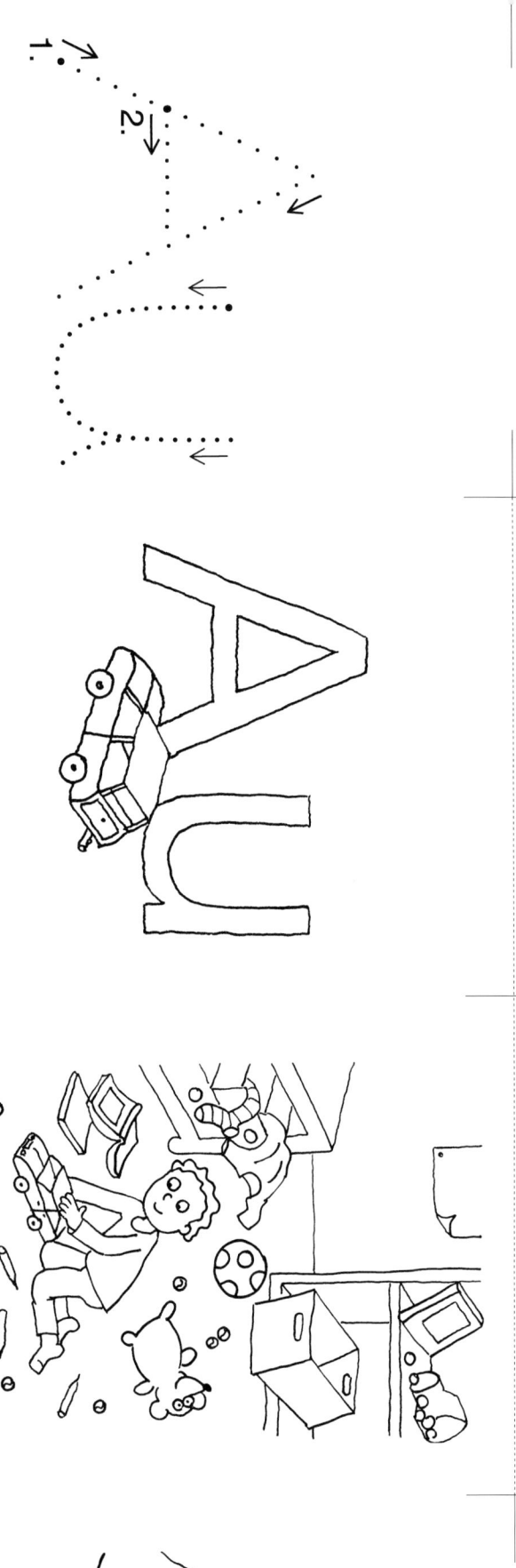

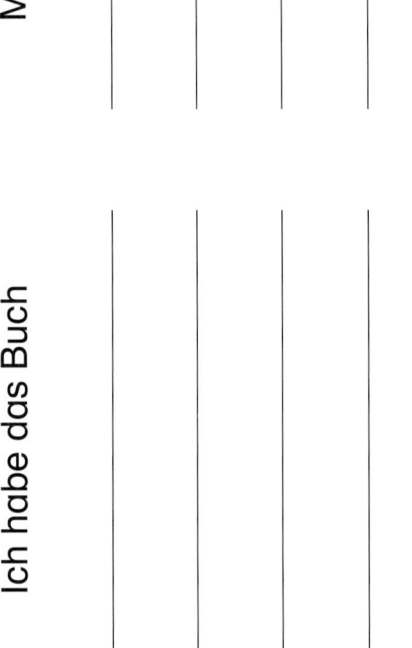

August spielt

Dann räumt er auf.

mit seinem Auto.

Er nimmt auch die Maus.

Name: _____

Meine Eu-Wörter:

Ich habe das Buch

vorgelesen.

Eule Eugen

eure teuren Euros.

kommt aus Europa.

Eugen bewacht treu

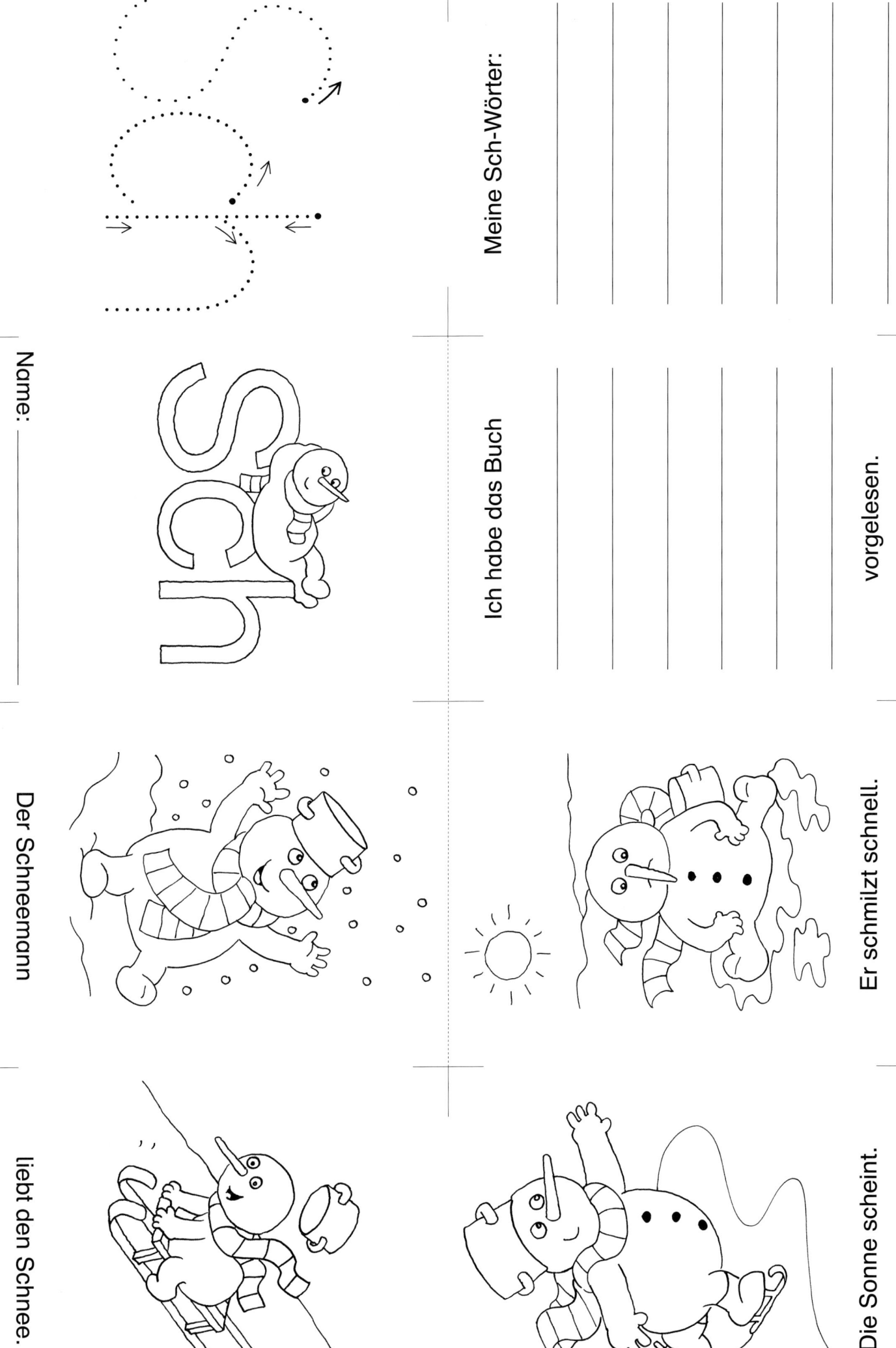

© Verlag an der Ruhr | Illustrationen: A. Goossens | ISBN 978-3-8346-3895-3

Meine St-Wörter:

Ich habe das Buch

vorgelesen.

Name:

St

Steffi geht

die struppige Stute.

in den Stall.

Steffi streichelt

Kopiervorlagen für das Fach Mathematik

Arbeits-Pass – Das habe ich schon geschafft!

Name: _____

Mini-Buch	bearbeitet	Mini-Buch	bearbeitet
1		19	
2		20	
3			
4			
5			
6			
7			
8			
9			
10			
11			
12			
13			
14			
15			
16			
17			
18			

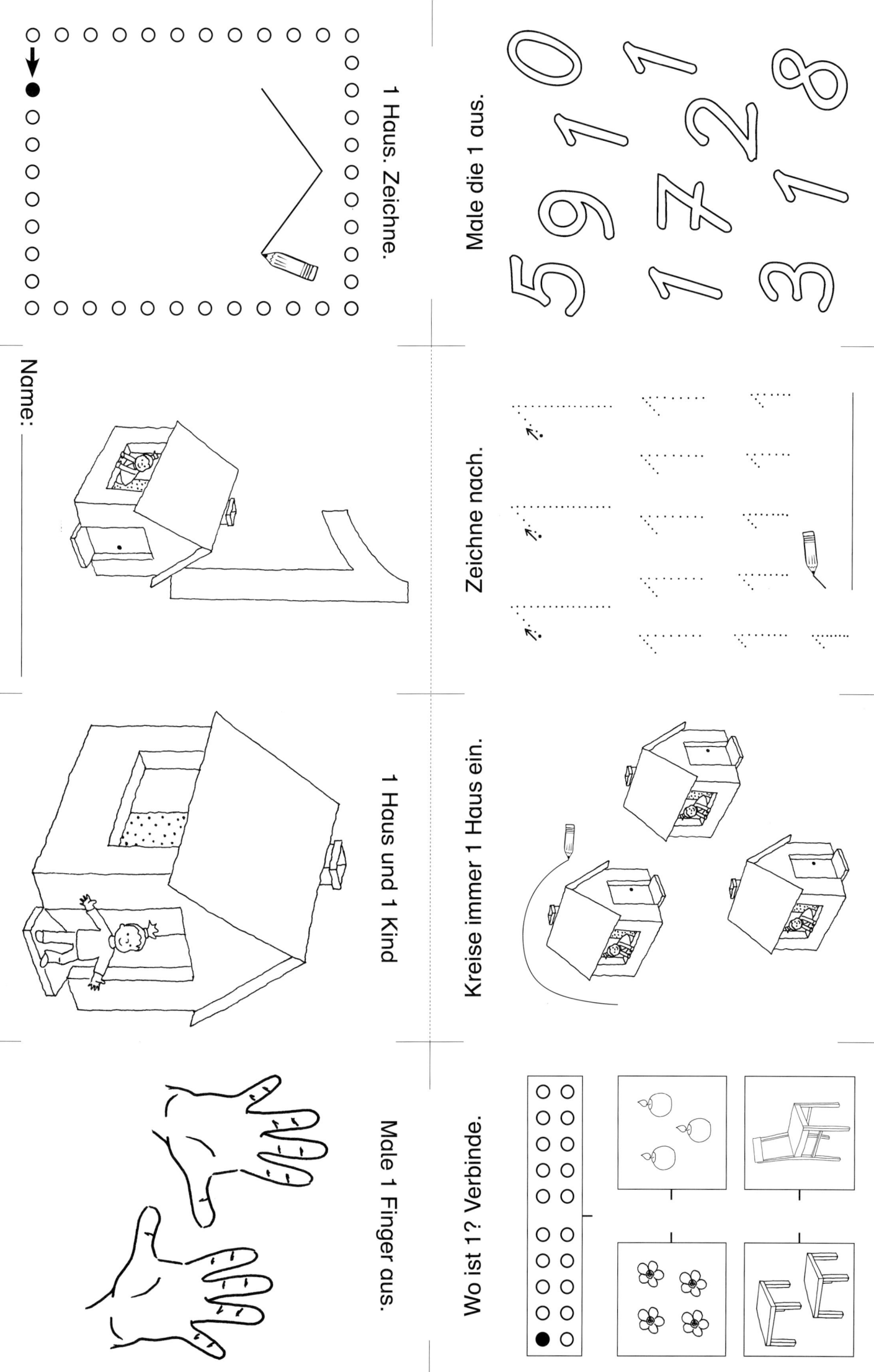

2 Augen. Zeichne.

Male die 2 aus.

3 2
4 1
5 2
6 2
2

Zeichne nach.

2 Schuhe und 2 Socken

Kreise immer 2 Socken ein.

Name:

Male 2 Finger aus.

Wo sind 2? Verbinde.

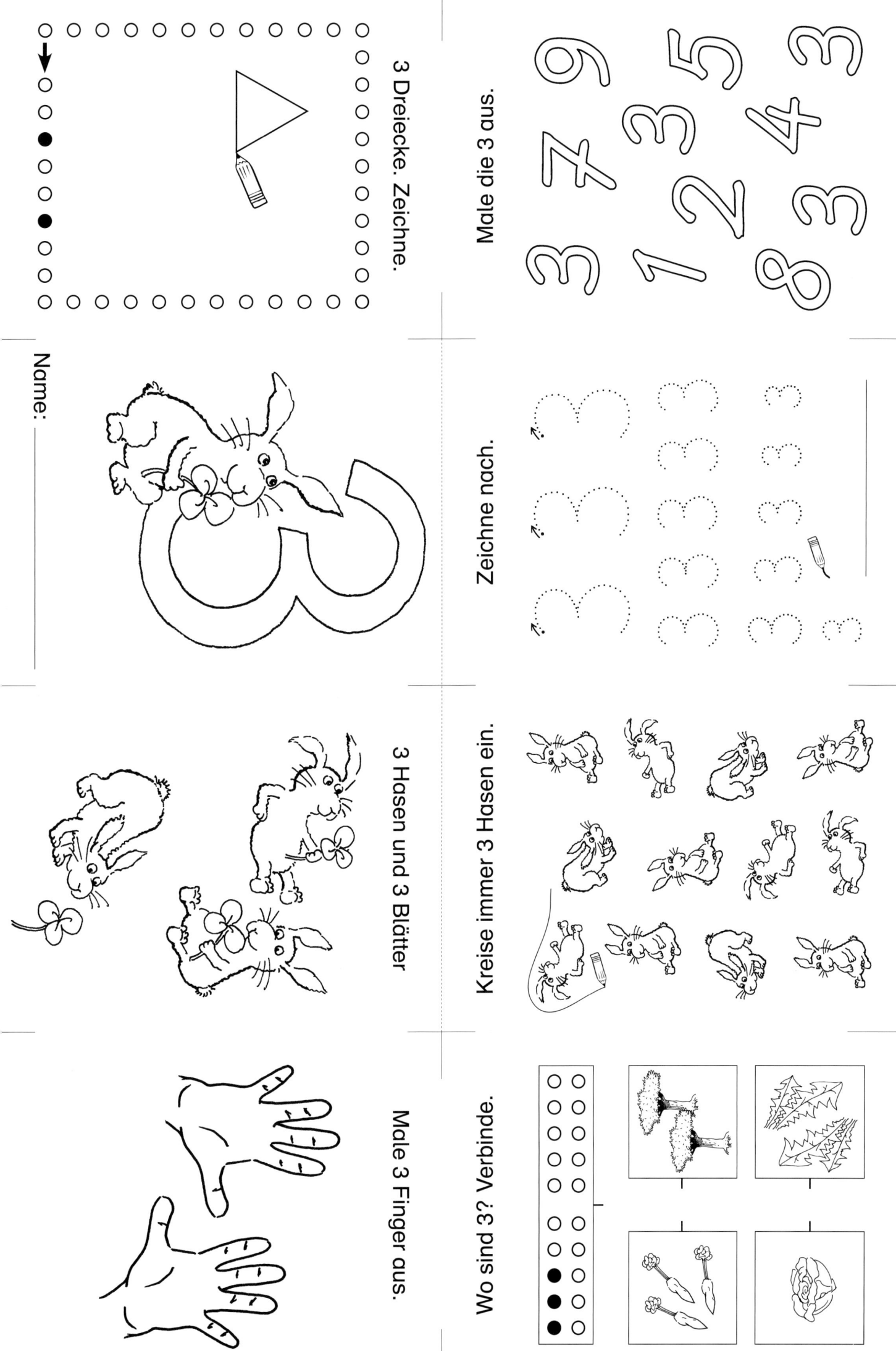

Male die 4 aus.

Zeichne nach.

Kreise immer 4 Kamele ein.

Wo sind 4? Verbinde.

4 Vierecke. Zeichne.

4 Kamele und 4 Pyramiden

Male 4 Finger aus.

Name:

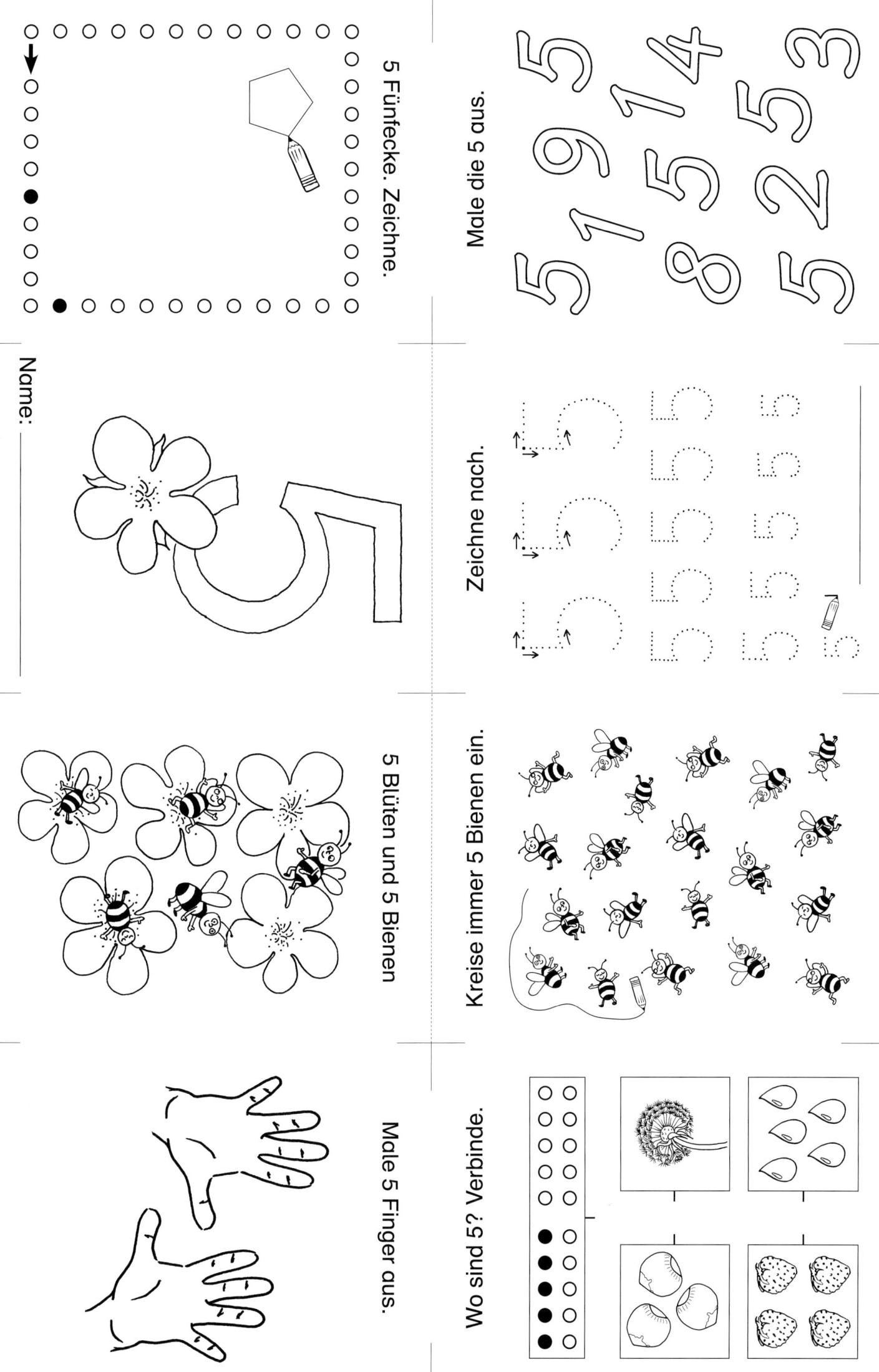

6 Waben. Zeichne.

Male die 6 aus.

Zeichne nach.

Name:

6 Fliegen und 6 Kuchen

Kreise immer 6 Fliegen ein.

Male 6 Finger aus.

Wo sind 6? Verbinde.

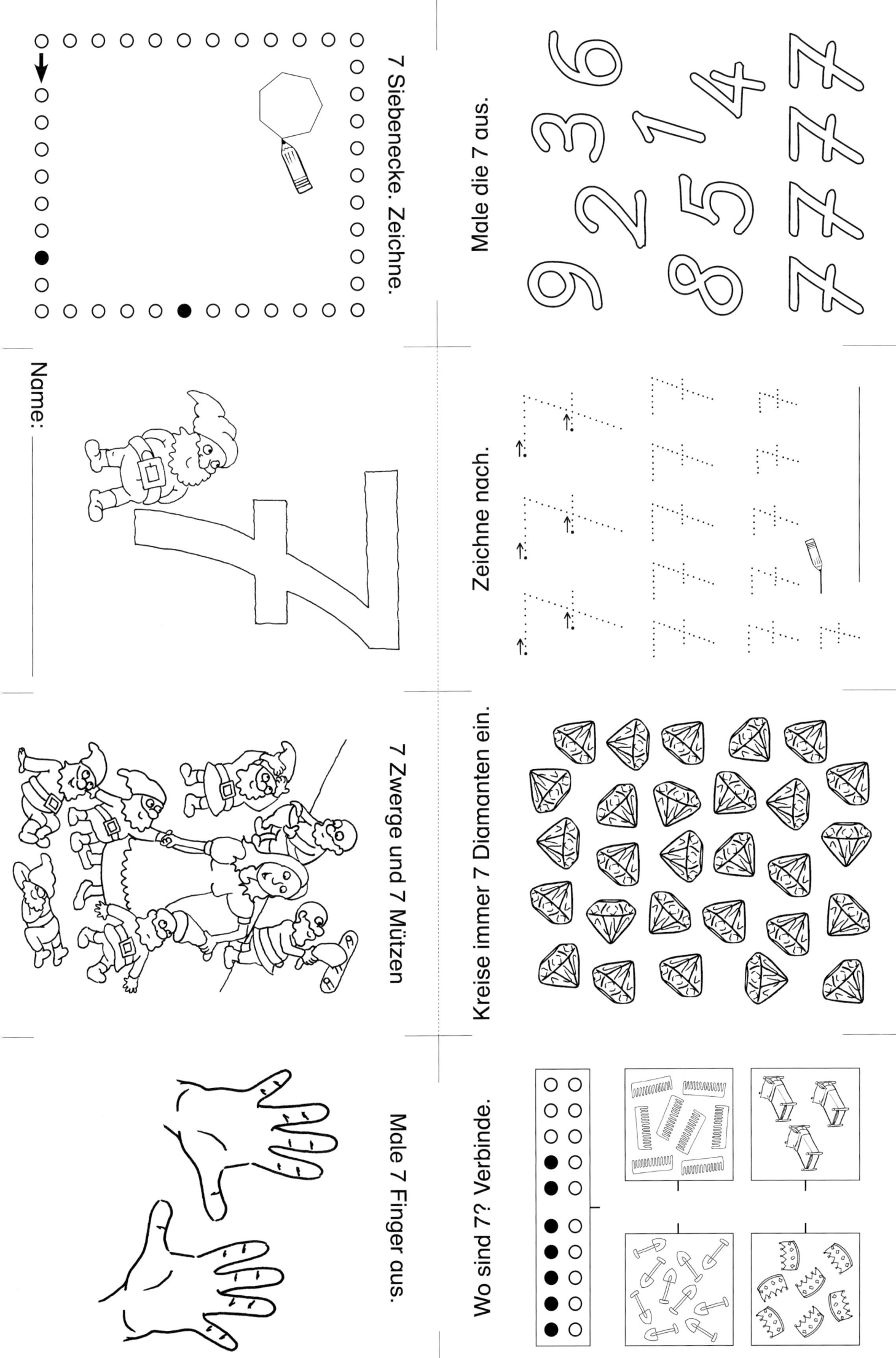

Male die 8 aus.

Zeichne ein Netz mit 8 Fäden.

Zeichne nach.

Name:

8 Spinnen mit 8 Beinen

Kreise immer 8 Spinnen ein.

Male 8 Finger aus.

Wo sind 8? Verbinde.

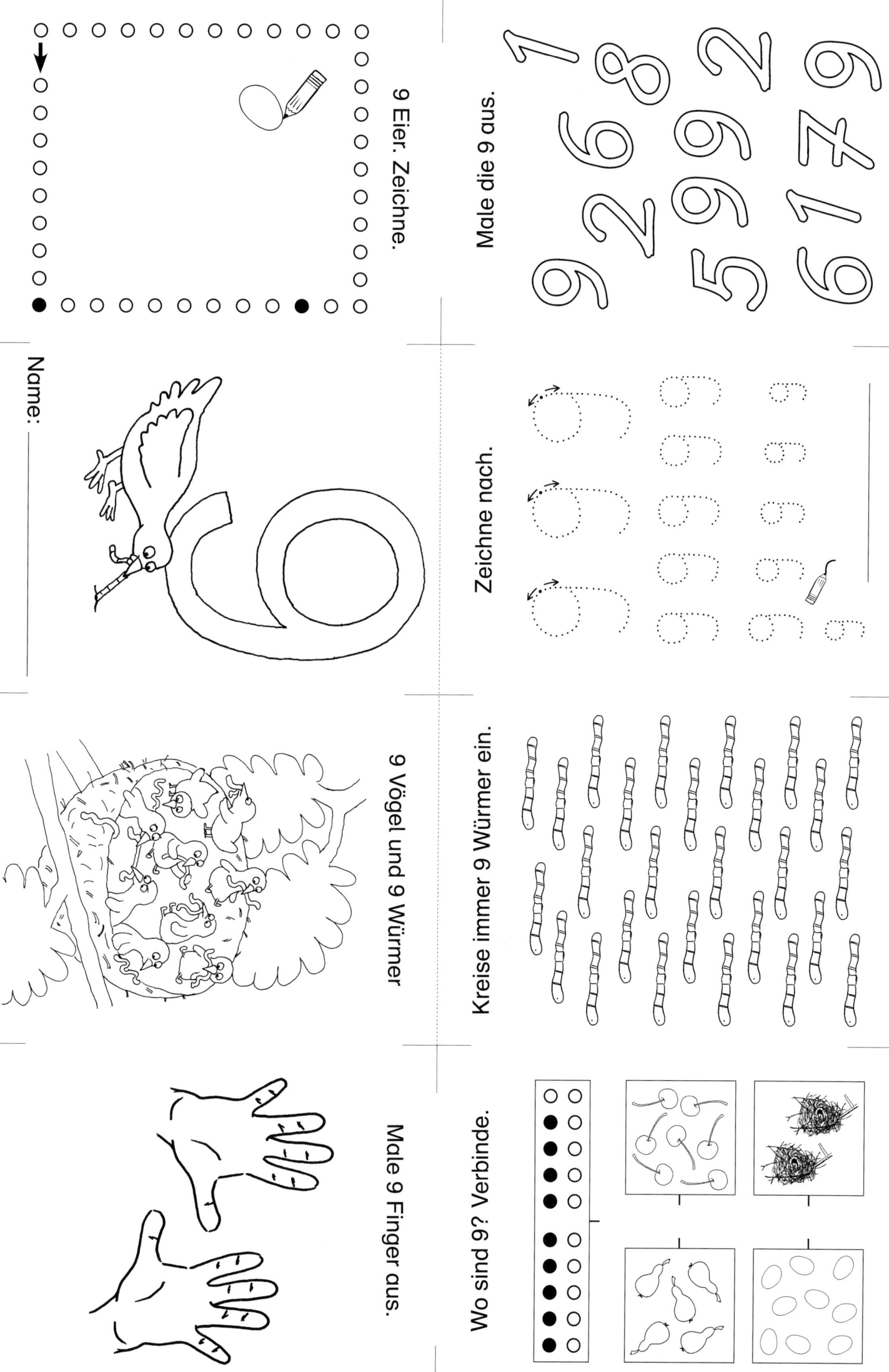

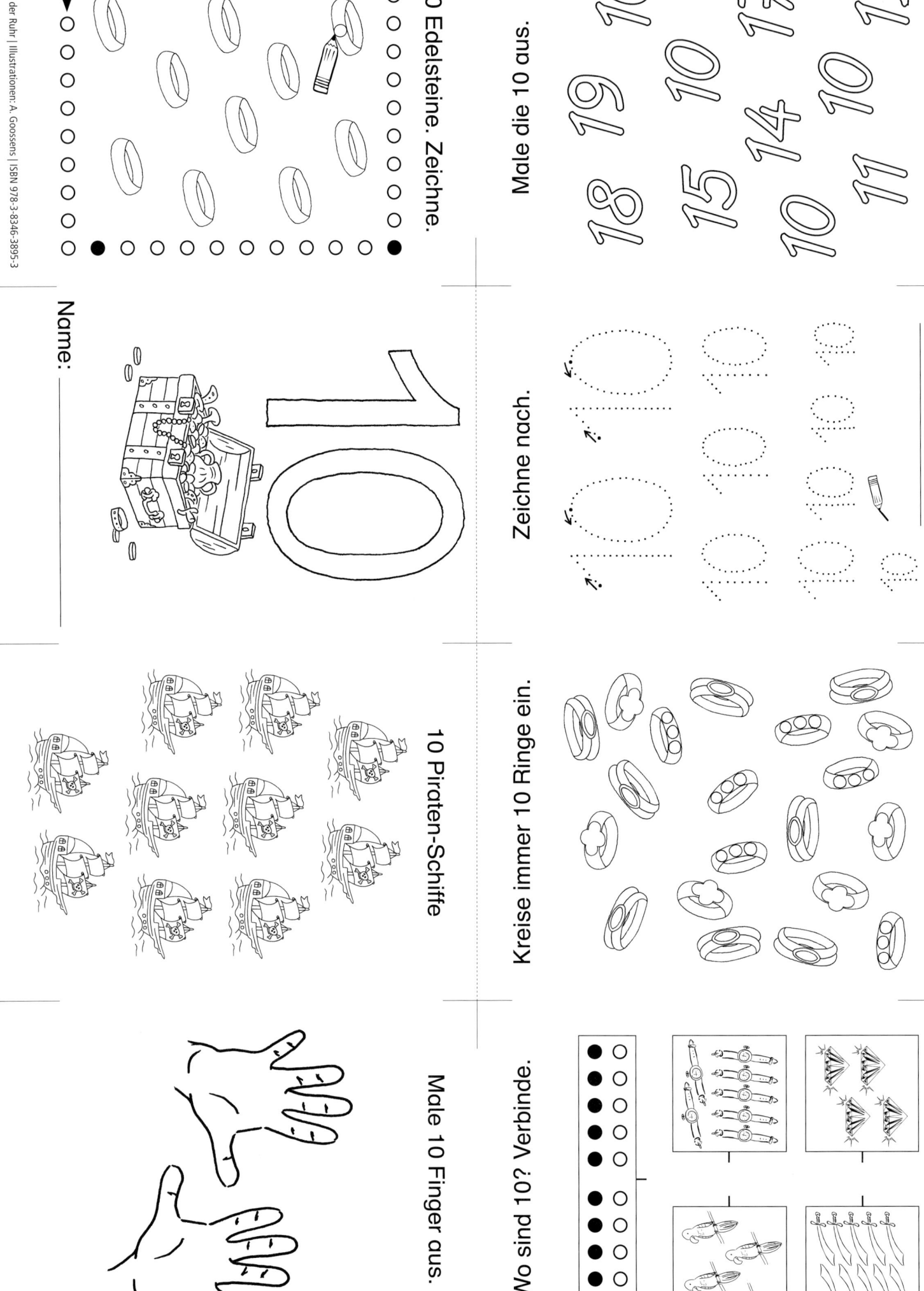

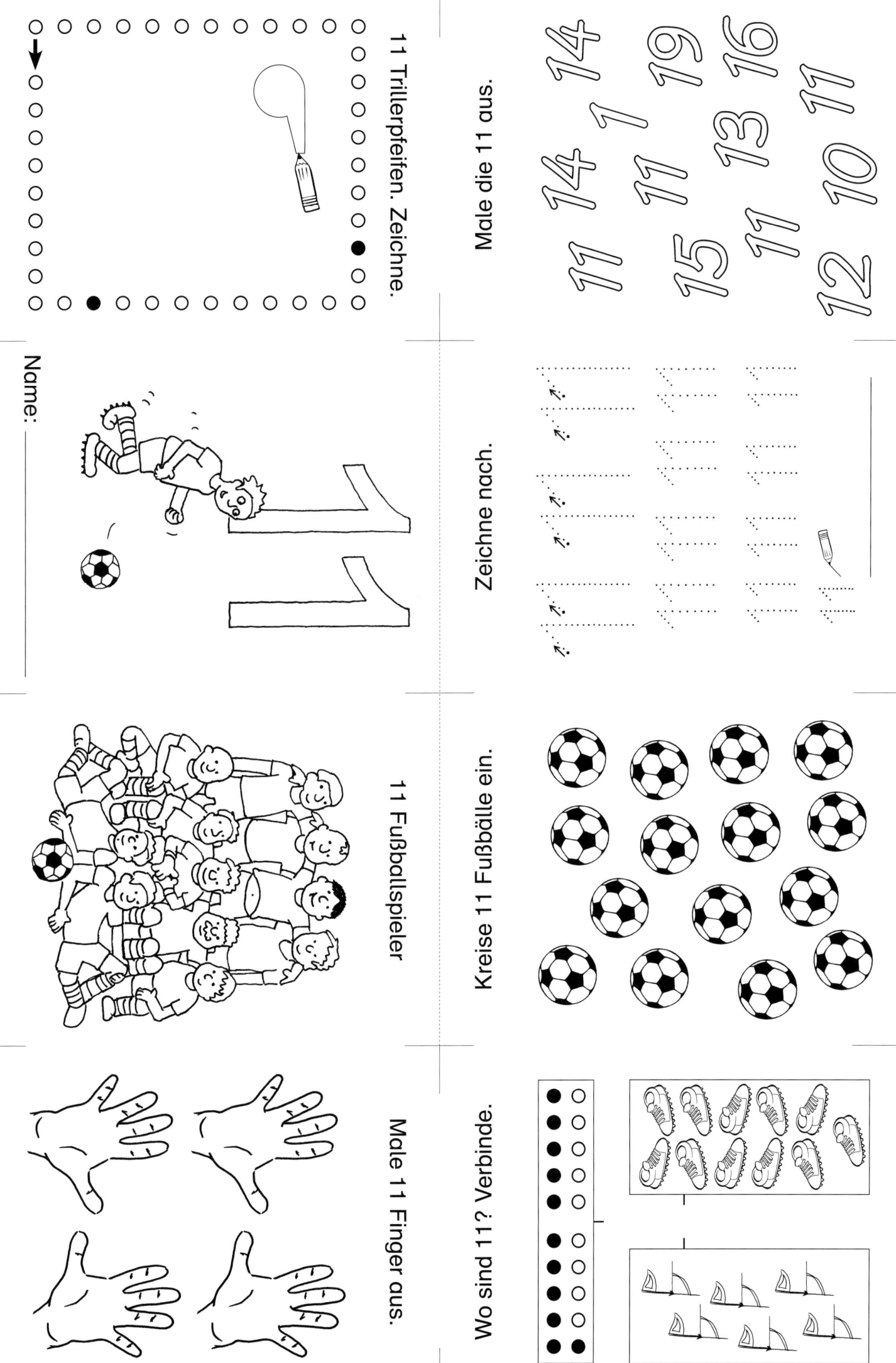

12 Fenster. Zeichne.

Male die 12 aus.

Name:

Zeichne nach.

12 Fledermäuse

Kreise 12 Fledermäuse ein.

Male 12 Finger aus.

Wo sind 12? Verbinde.

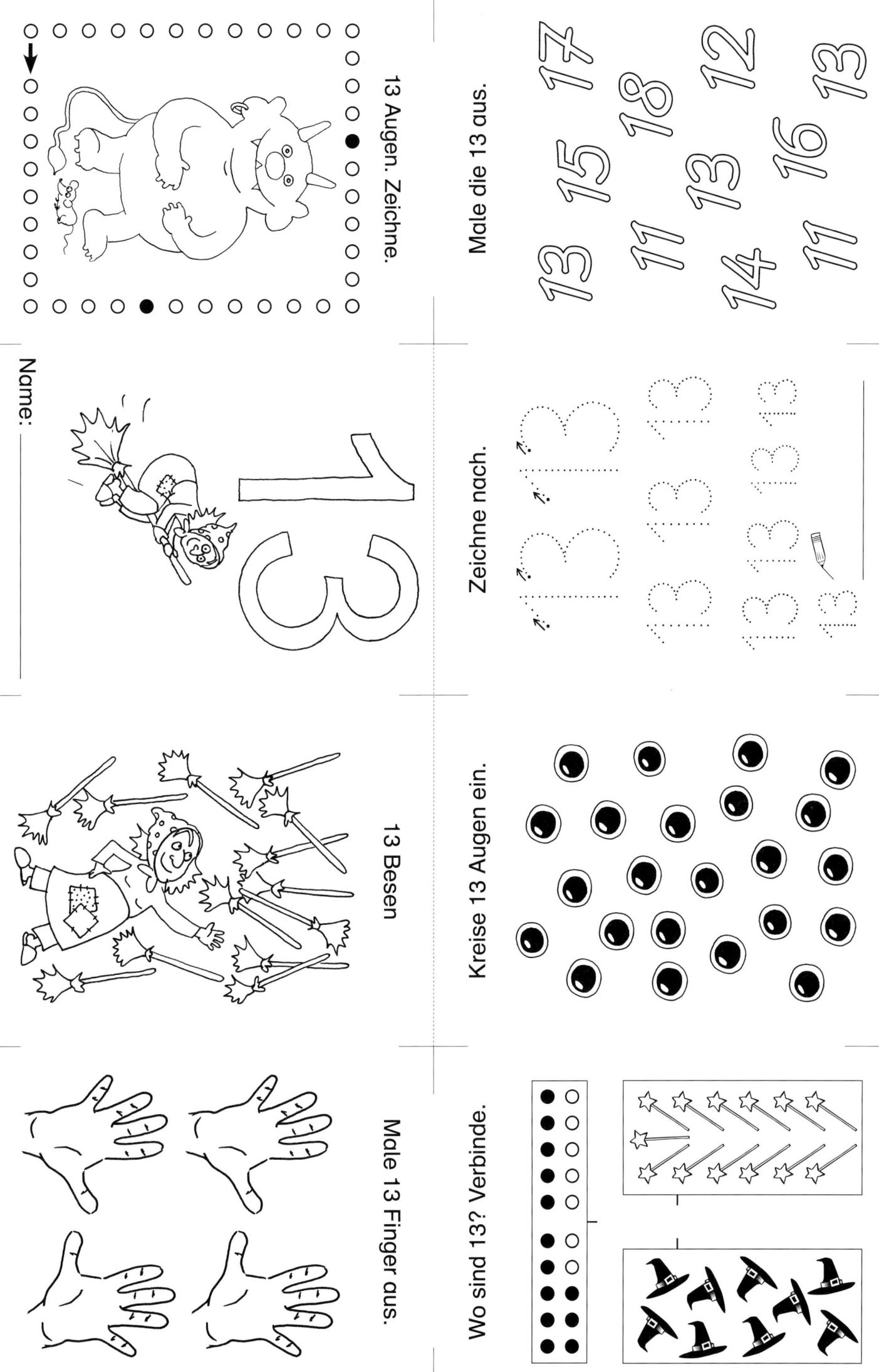

14 Schoko-Riegel. Zeichne.

Male die 14 aus.

14 17 16
11 13 14 11
12 14 18
14 11 15

Name:

Zeichne nach.

14 Bonbons

Kreise 14 Pflaumen ein.

Male 14 Finger aus.

Wo sind 14? Verbinde.

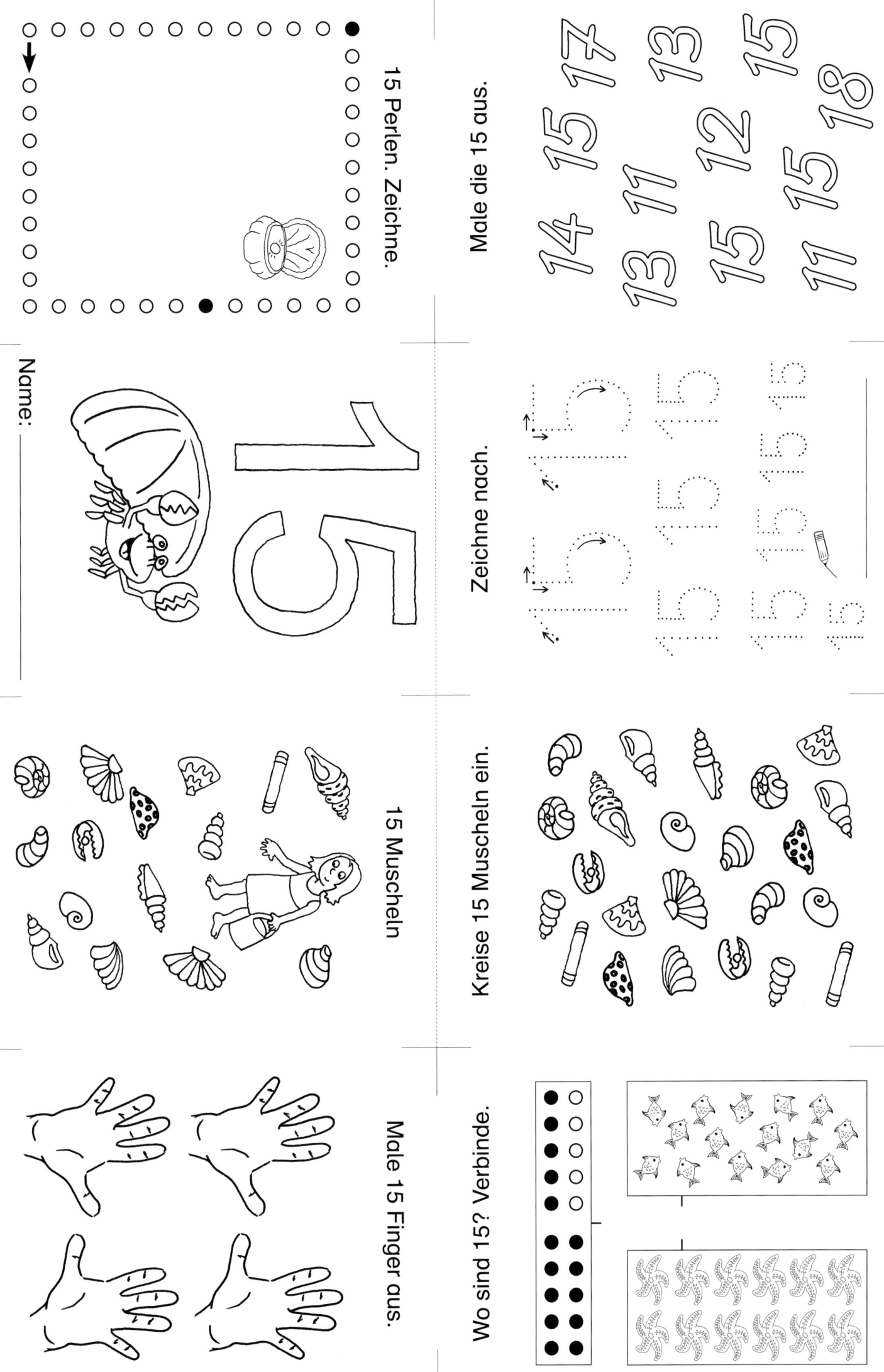

Name: _____

16 Luftblasen. Zeichne.

Male die 16 aus.

11 15 16 12 11
18 13 16 16 11
14 16 16 17 16

Zeichne nach.

16 Fische

Kreise 16 Fische ein.

Male 16 Finger aus.

Wo sind 16? Verbinde.

© Verlag an der Ruhr | Illustrationen: A. Goossens | ISBN 978-3-8346-3895-3

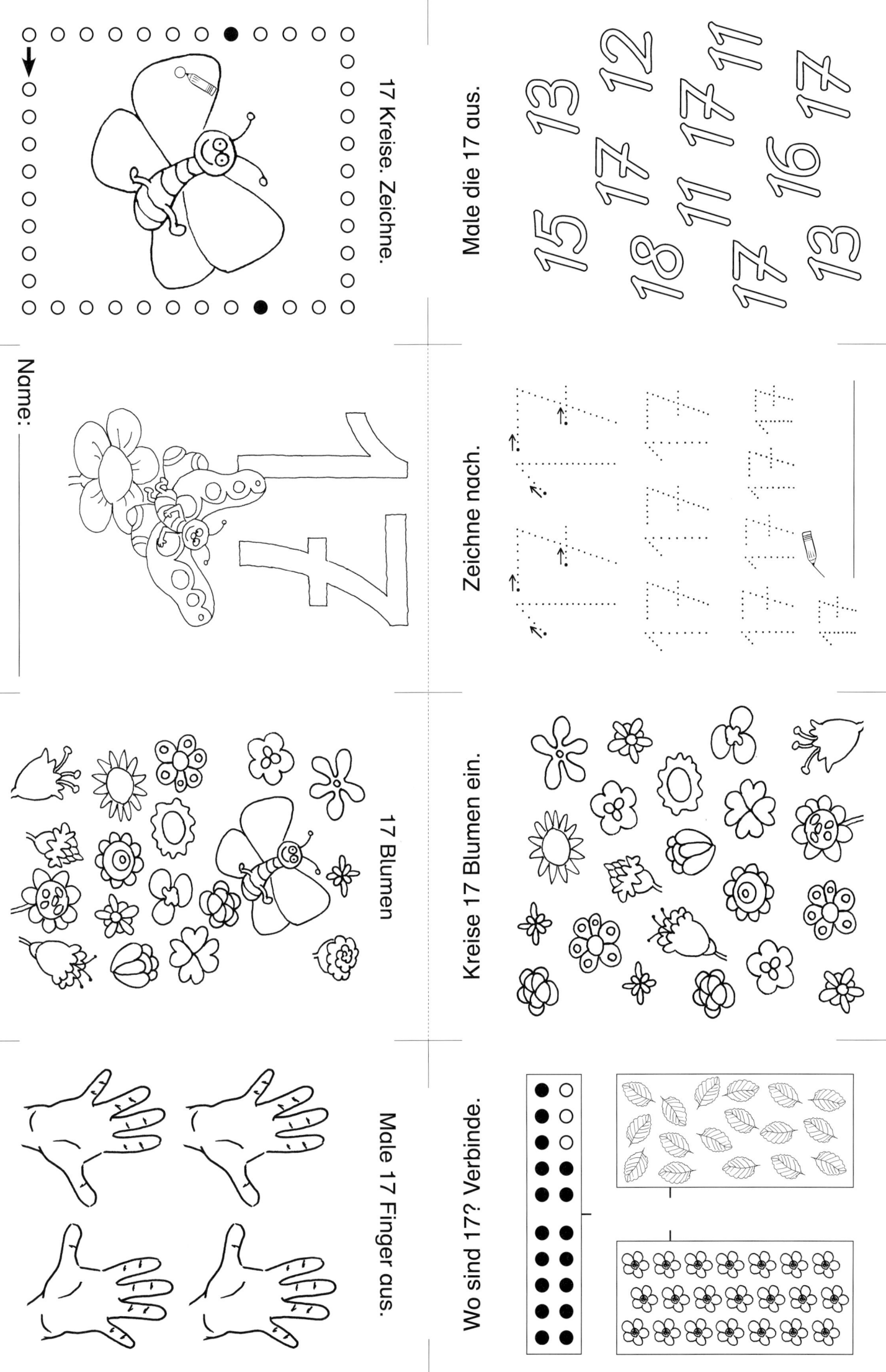

18 Federn. Zeichne.

Male die 18 aus.

14 12 18
11 16 17 18
18 18
13 18

Name:

Zeichne nach.

18 Vögel

Kreise 18 Säckchen ein.

Male 18 Finger aus.

Wo sind 18? Verbinde.

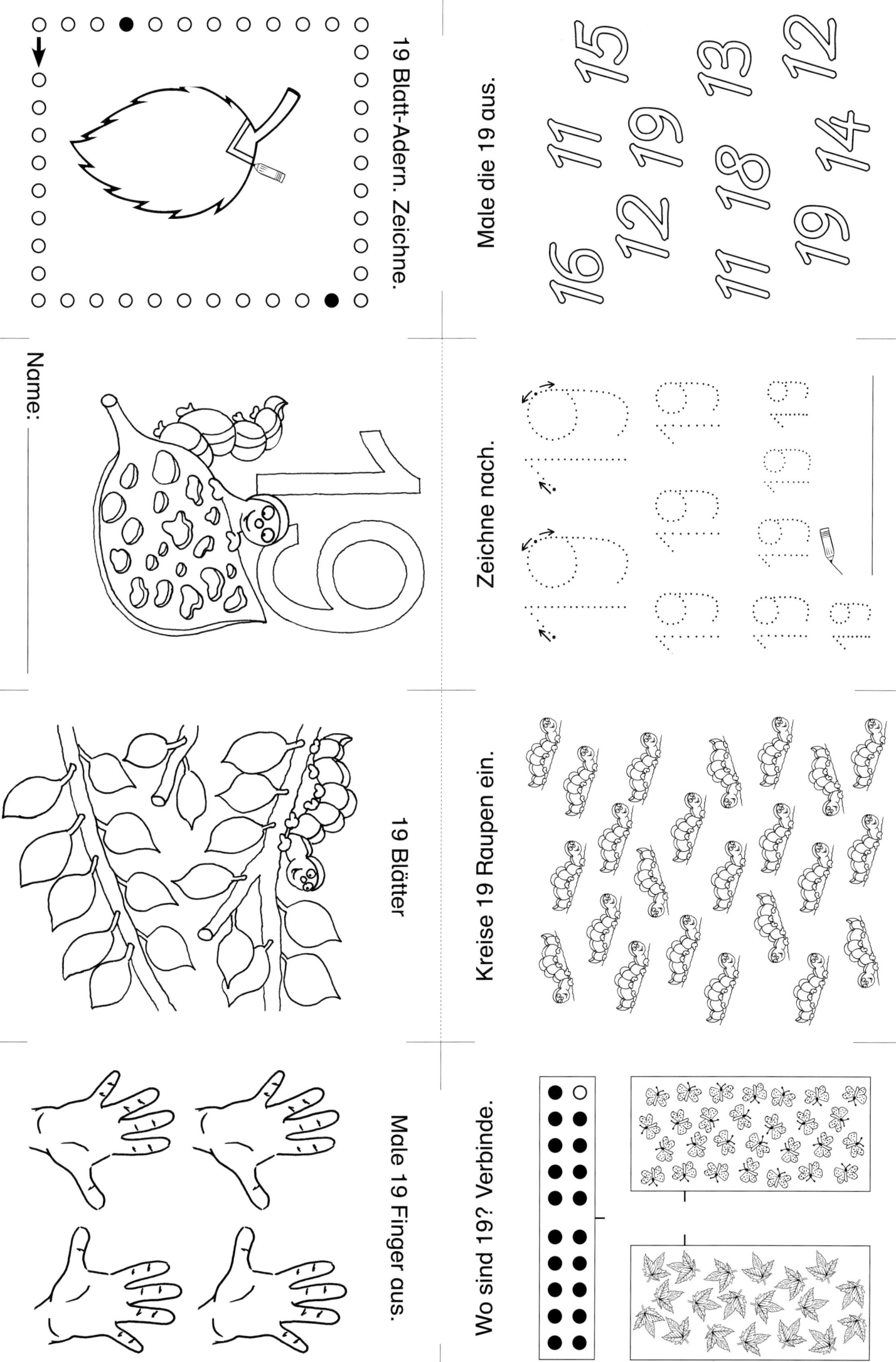

20 Strahlen. Zeichne.

Male die 20 aus.

Name:

Zeichne nach.

20 Sterne

Kreise 20 Planeten ein.

Male 20 Finger aus.

Wo sind 20? Verbinde.

Zerlegen bis 10

Name: _____

Zerlege und rechne.

___ + ___ = ___

___ = ___ + ___
   6

3 + ___ = ___

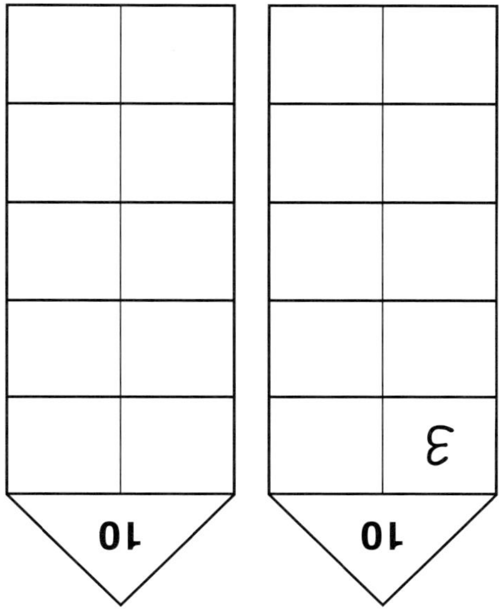

Wie passen die Murmeln in die Dose? Zeichne und rechne.

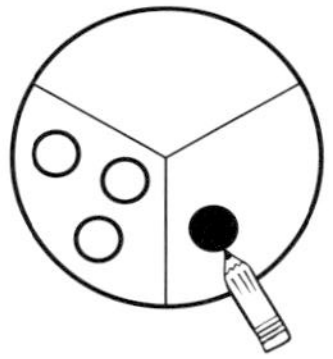

3 + ___ + ___ = 10

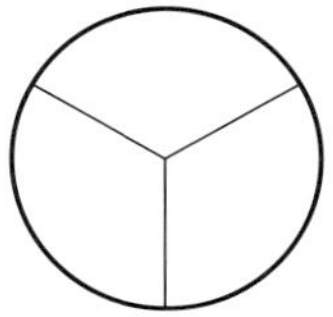

___ + ___ + ___ = 10

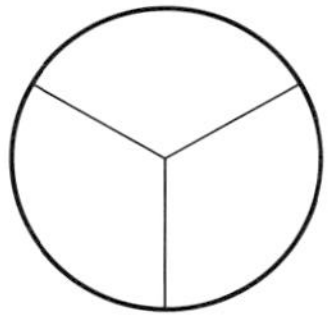

___ + ___ + ___ = 10

___ + ___ + ___ = 10

Immer 10 in einem Stockwerk

10				

10				
3				

Max hat 4 Murmeln. Wie kann er sie verstecken? Zeichne.

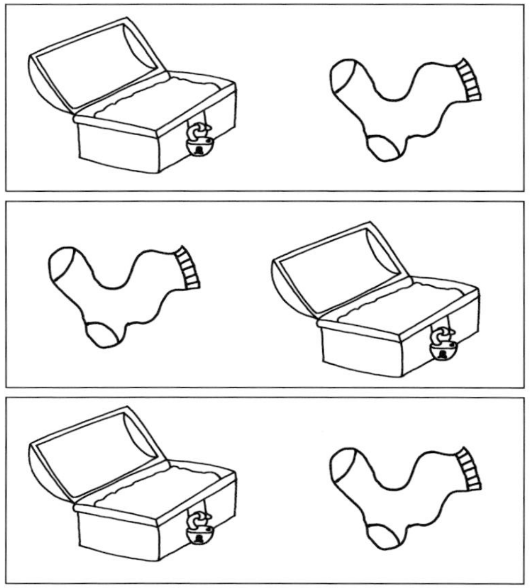

Zusammen haben Max und Ina 10 Murmeln. Wie viele könnte jeder haben?

In jedem Sack sind 8 Murmeln. Zeichne.

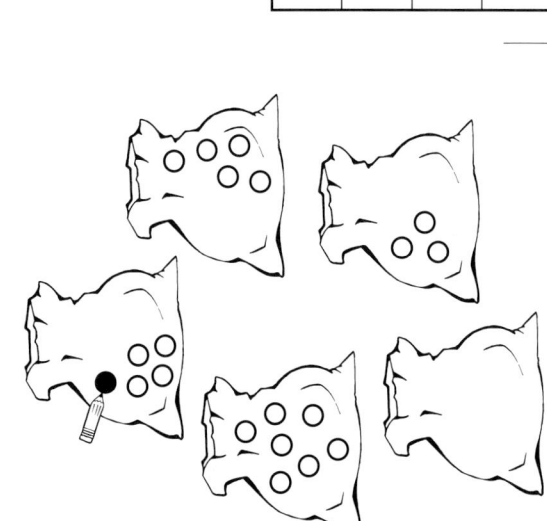

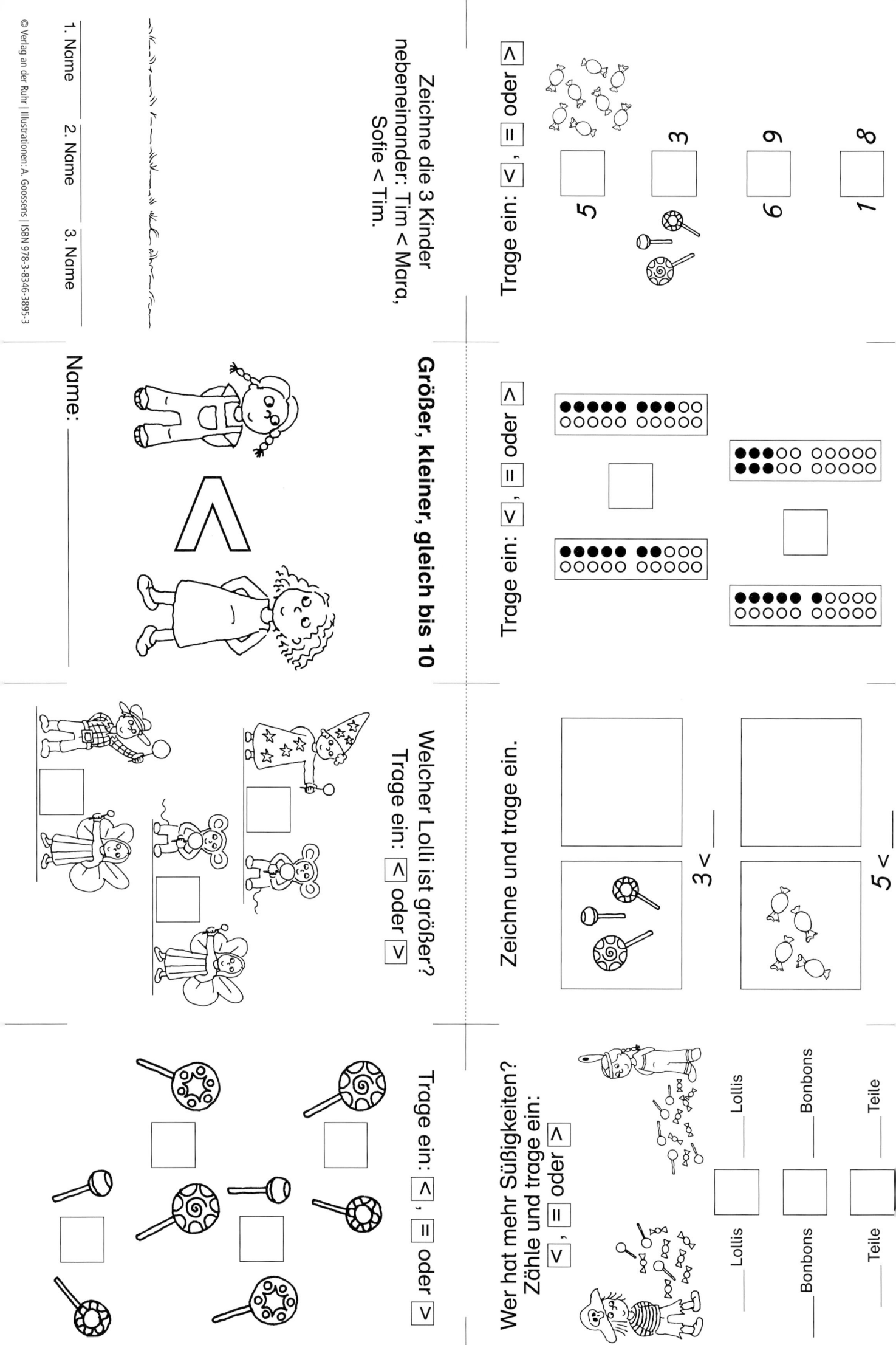

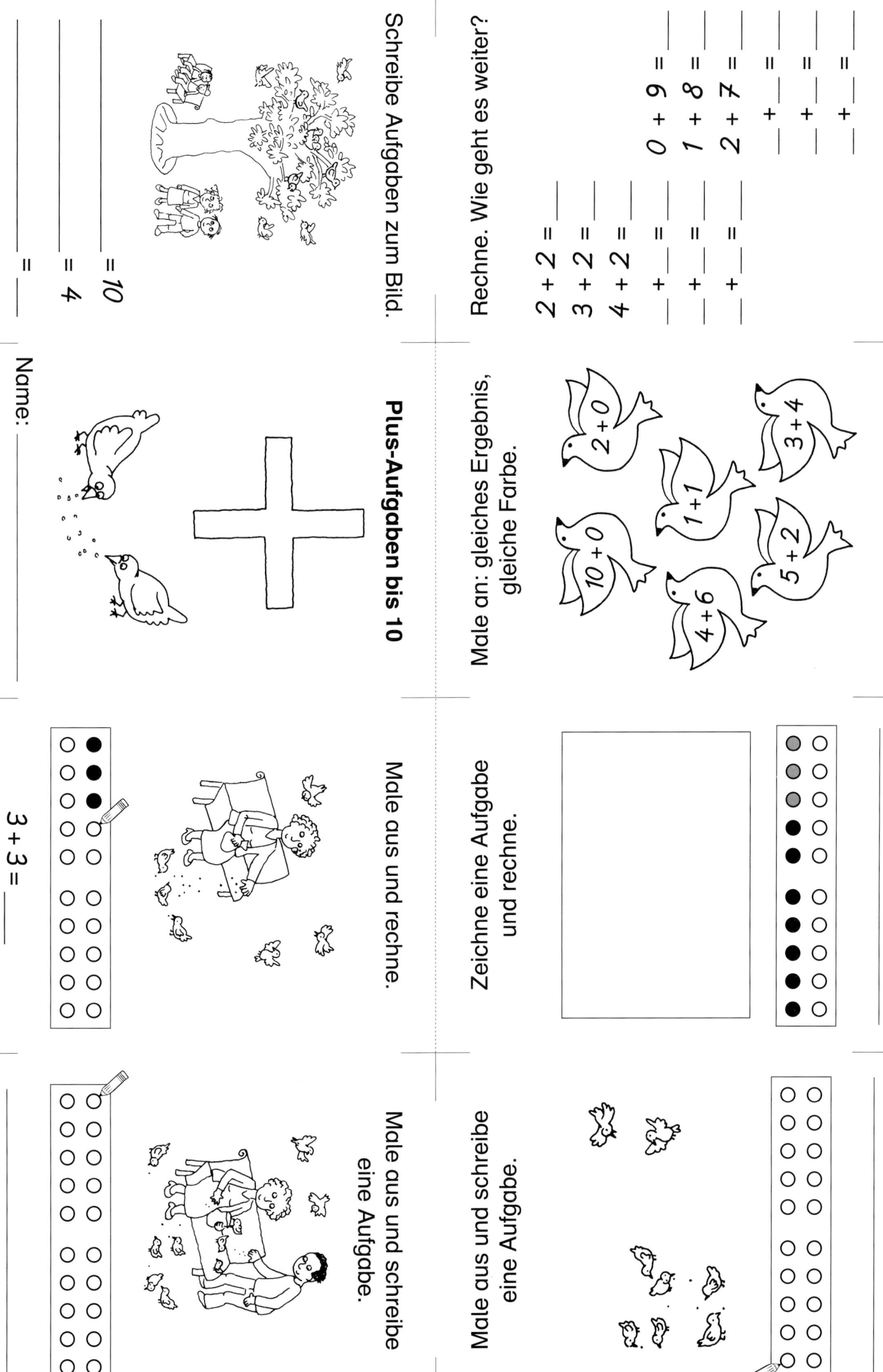

Minus-Aufgaben bis 10

Name: _____

Rechne. Wie geht es weiter?

4 – 2 = ___
5 – 3 = ___
6 – 4 = ___
___ – ___ = ___
___ – ___ = ___
___ – ___ = ___

10 – 3 = ___
9 – 3 = ___
8 – 3 = ___
___ – ___ = ___
___ – ___ = ___
___ – ___ = ___

Schreibe Aufgaben zum Bild.

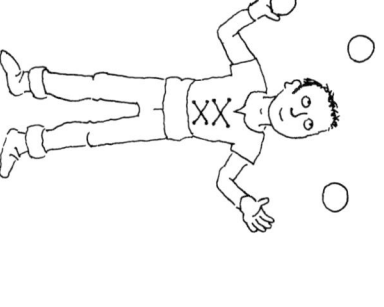

___ ___ ___ = 1
___ ___ ___ = 3
___ ___ ___ = ___

Male an: gleiches Ergebnis, gleiche Farbe.

(1–1, 3–0, 7–7, 6–2, 9–6, 5–2, 8–4)

Schreibe die Aufgabe und rechne.

___ – ___ = ___

Zeichne eine Aufgabe, male aus und rechne.

10 – 5 = ___

Male aus und schreibe eine Aufgabe.

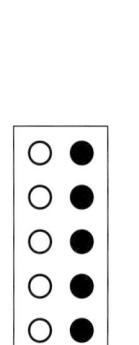

___ – ___ = ___

Male aus und schreibe eine Aufgabe.

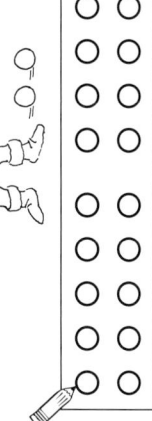

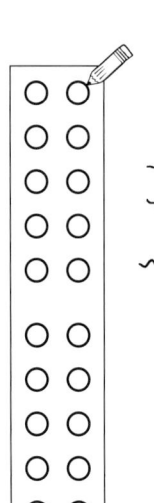

___ – ___ = ___

Ergänzen bis 10

Name: _____

Rechne. Wie geht es weiter?

8 + ___ = 10
7 + ___ = 10
6 + ___ = 10
___ + ___ = 10
___ + ___ = 10
___ + ___ = 10

___ + 1 = 4
___ + 1 = 5
___ + 1 = 6
___ + ___ = ___
___ + ___ = ___
___ + ___ = ___

Hanna und Haro teilen. Wie viele Ratten gibt Hanna ab? Streiche durch.

Hana gibt _____ Ratten ab.

---

2 + ___ = 9

Zeichne. Male aus und rechne.

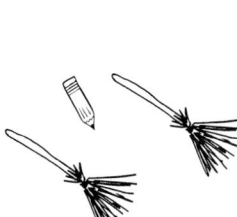

Haro hext Raben. Er will so viele wie Hanna haben. Zeichne Haros Raben.

Haro muss _____ Raben hexen.

Hanna hext 5 Raben. Zeichne und rechne.

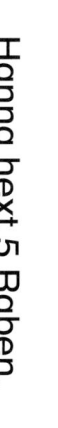

1 + ___ = 5

Mehr Besen als Raben: Wie viele sind es mehr?

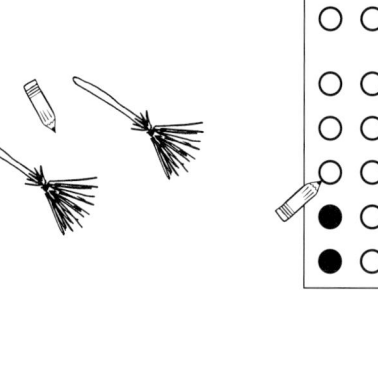

| Besen | Raben |

_____ mehr Besen als Raben.

Hanna hext 8 Besen. Zeichne und rechne.

2 + ___ = 8

Bündeln bis 10

Name: _____

Packe gleich große Netze. Zeichne. Bleibt etwas übrig?

____ Äpfel, ____ Tüten

____ Zitronen, ____ Netze

Verteile und zeichne.

Zeichne auf die Teller: gleich viele Äpfel für jeden.

Zeichne 6 Orangen: immer gleich viele in der Tüte.

Frau Rose packt Äpfel: immer 3 in eine Tüte. Kreise ein und schreibe.

Sie packt immer 2 Zitronen in ein Netz. Kreise ein und schreibe.

Zeichne: immer 4 pro Netz.

____ Netze

Zeichne: immer 5 pro Netz.

____ Netze

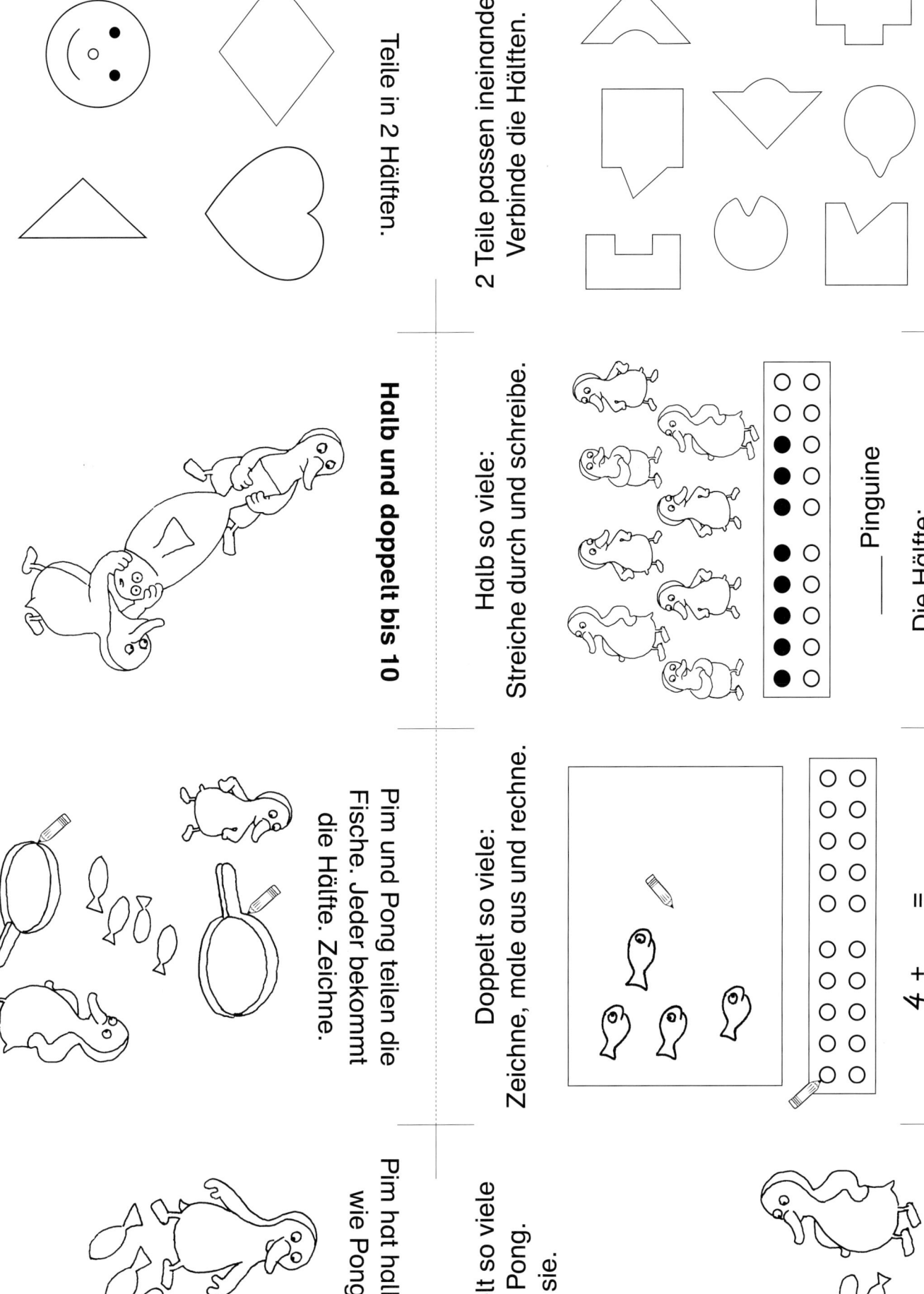

Zerlegen bis 20

Zerlege und rechne.

9 + ___ = 11

___ + ___ = 11

___ + ___ = 11

Wie passen die Nüsse in die Dose? Zeichne und rechne.

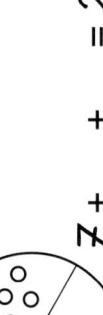
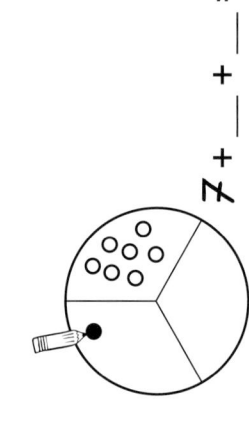

7 + ___ + ___ = 20

___ + ___ + ___ = 20

Immer 20 in einem Stockwerk

20				

10				
20				

Elo hat 13 Nüsse. Er legt sie in 2 Schüsseln.

Zusammen haben Elo und Eli 16 Nüsse. Wie viele könnte jeder haben?

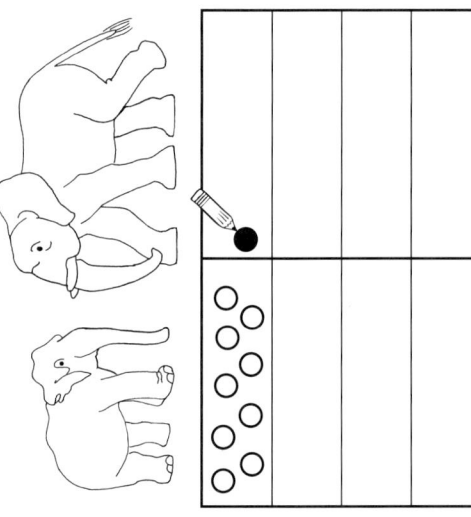

Wie können die Nüsse in den Schüsseln liegen?

Jeder Elefant hat 15 Kirschen gefressen. Zeichne.

Name: _____

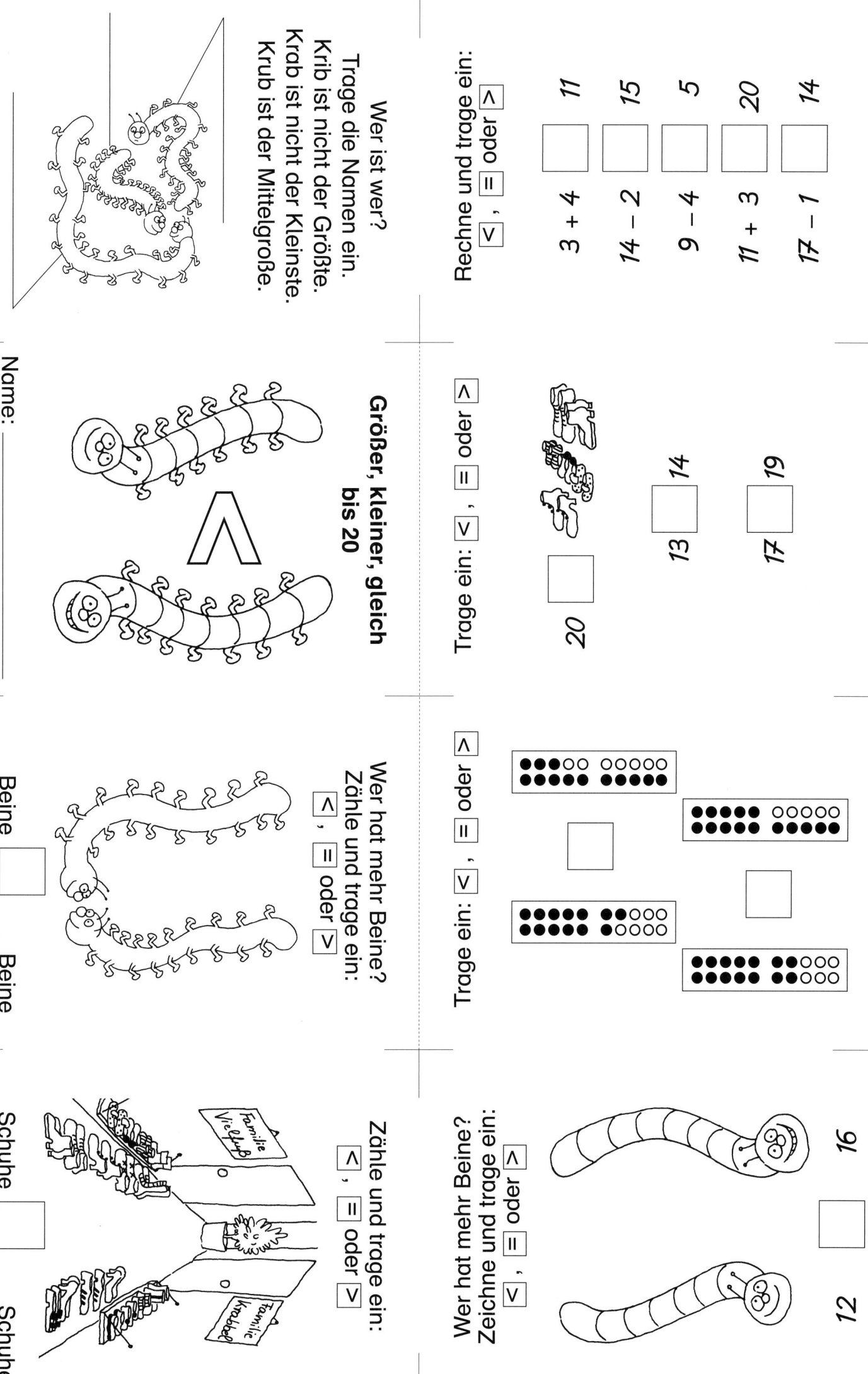

© Verlag an der Ruhr | Illustrationen: A. Goossens | ISBN 978-3-8346-3895-3

Plus-Aufgaben bis 20

Name: _____

Schreibe Aufgaben zum Bild.

___ + ___ = 20
___ + ___ = 11
___ + ___ = ___

Rechne. Wie geht es weiter?

10 + 0 = ___   8 + 7 = ___
10 + 2 = ___   9 + 6 = ___
10 + 4 = ___   10 + 5 = ___
___ + ___ = ___   ___ + ___ = ___
___ + ___ = ___   ___ + ___ = ___
___ + ___ = ___   ___ + ___ = ___

Male an: gleiches Ergebnis, gleiche Farbe.

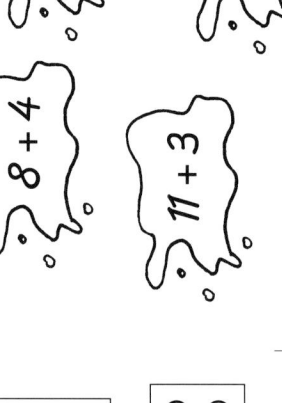

14 + 0   7 + 7   10 + 10
19 + 1   8 + 4   11 + 3

Male aus und rechne.

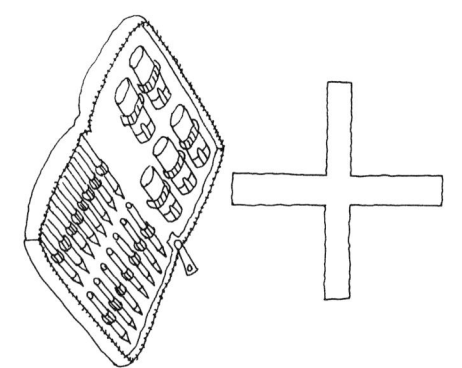

12 + 3 = ___

Zeichne und schreibe eine Aufgabe.

___ + ___ = ___

Male aus und schreibe eine Aufgabe.

___ + ___ = ___

Male aus und schreibe eine Aufgabe.

___ + ___ = ___

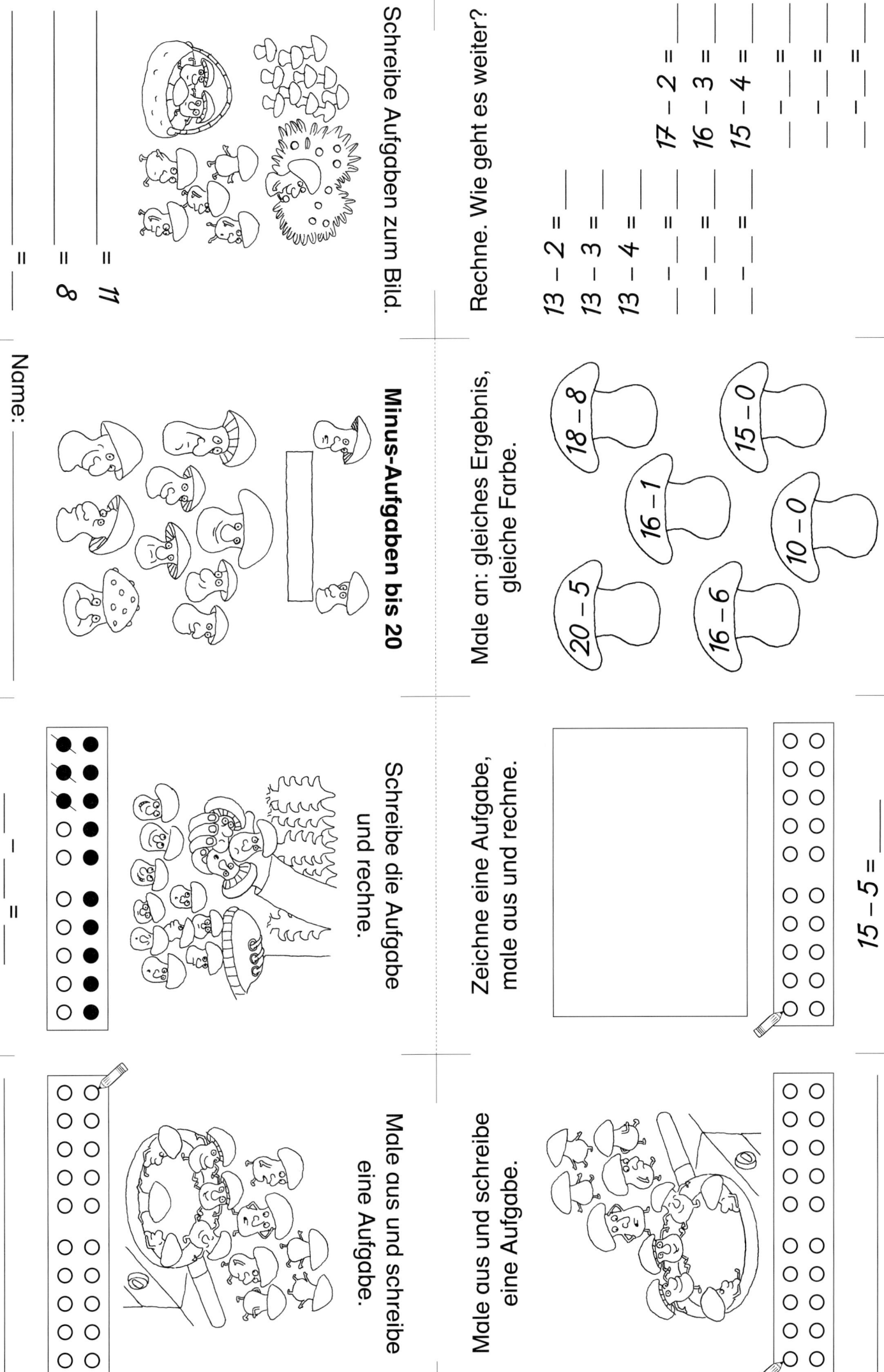

Ergänzen bis 20

Rechne. Wie geht es weiter?

10 + ___ = 20
11 + ___ = 20
12 + ___ = 20
___ + ___ = ___
___ + ___ = ___
___ + ___ = ___
___ + ___ = ___
___ + ___ = ___

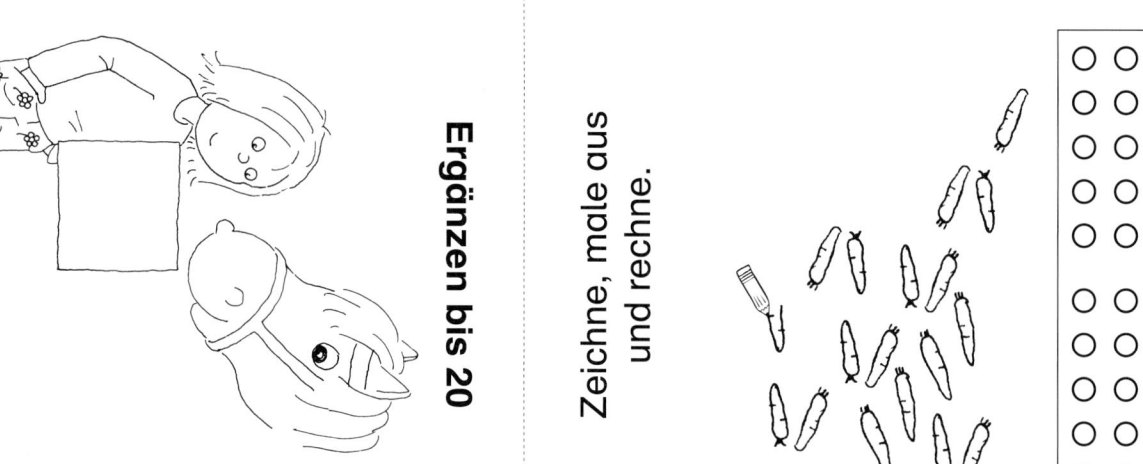

17 + ___ = 20

Zeichne, male aus und rechne.

Lisa teilt mit Ricky. Wie viele Möhren gibt sie ab?

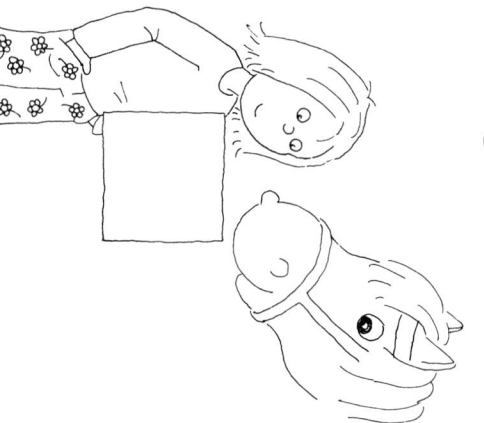

Lisa gibt ___ Möhren ab.

Name: ___

Lisa muss ___ Möhren holen.

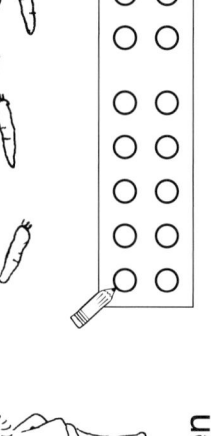

Jedes Pferd soll eine Möhre fressen. Wie viele muss Lisa holen? Zeichne, male aus und rechne.

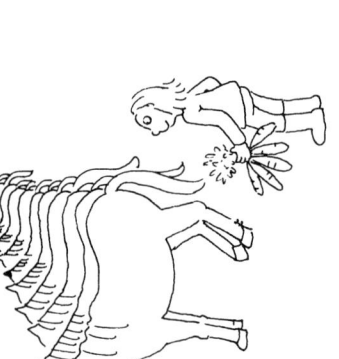

Im Stall sind 12 Pferde. Zeichne, male aus und rechne.

10 + ___ = 12

___ Möhren mehr als Pferde.

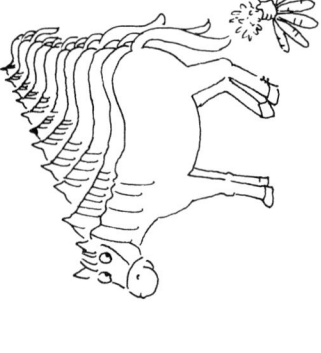

Mehr Möhren als Pferde: Wie viele sind es mehr?

Ricky bekommt 18 Möhren. Zeichne, male aus und rechne.

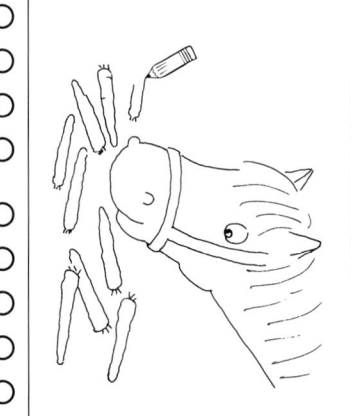

___ + ___ = ___

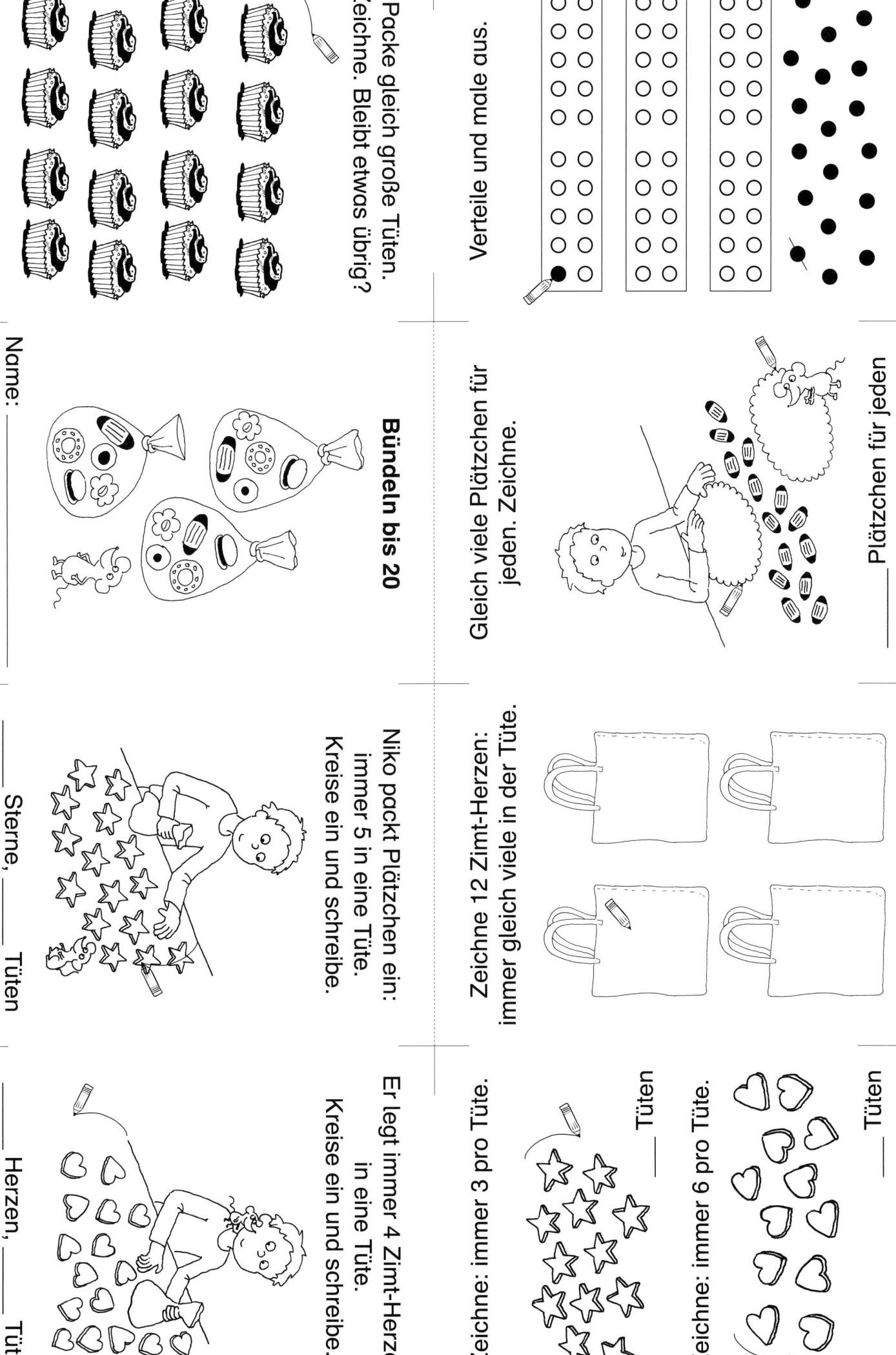

Halb und doppelt bis 20

Zeichne die Hälften ein.

Doppelt so viele: Male aus. Kannst du es ausrechnen?

____ Punkte

Das Doppelte: ____

Halb so viele: Streiche durch und rechne.

____ Karten

Die Hälfte: ____

Doppelt so viele: Zeichne, male aus und rechne.

$7 + \_\_\_ = \_\_\_$

Murat hat doppelt so viele Karten wie Tom. Zeichne sie.

Tom gewinnt die Hälfte von Murats Karten. Streiche durch und zeichne.

Beide teilen. Male Murats Karten rot. Male Toms Karten blau.

____ Karten für jeden.

Name: ____